个性化工作

HR如何利用工作塑造来推动绩效、敬业度和幸福感

［英］罗伯·贝克（Rob Baker）　著

陈帅　译

中国科学技术出版社

·北 京·

北京市版权局著作权合同登记　图字：01-2022-1523。

图书在版编目（CIP）数据

个性化工作：HR 如何利用工作塑造来推动绩效、敬业度和幸福感 /（英）罗伯·贝克著；陈帅译. —北京：中国科学技术出版社，2022.5

书名原文：Personalization at Work: How HR Can Use Job Crafting to Drive Performance, Engagement and Wellbeing

ISBN 978-7-5046-9514-7

Ⅰ.①个… Ⅱ.①罗… ②陈… Ⅲ.①人力资源管理 Ⅳ.① F243

中国版本图书馆 CIP 数据核字（2022）第 050378 号

策划编辑	申永刚　龙凤鸣	封面设计	马筱琨
责任编辑	龙凤鸣	责任校对	邓雪梅
版式设计	锋尚设计	责任印制	李晓霖

出　　版	中国科学技术出版社
发　　行	中国科学技术出版社有限公司发行部
地　　址	北京市海淀区中关村南大街 16 号
邮　　编	100081
发行电话	010-62173865
传　　真	010-62173081
网　　址	http://www.cspbooks.com.cn

开　　本	880mm×1230mm　1/32
字　　数	171 千字
印　　张	8
版　　次	2022 年 5 月第 1 版
印　　次	2022 年 5 月第 1 次印刷
印　　刷	北京盛通印刷股份有限公司
书　　号	ISBN 978-7-5046-9514-7/F·994
定　　价	59.00 元

找到一份为你量身定制的工作如同大海捞针，但把工作调整得适合自己，就会容易许多。工作塑造是每个员工都需要掌握的技能，也是每个管理者都应该重视的技能。这是一本以有趣易懂的方式将研究和实践结合，为人力资源专业人士提供参考的书。

——亚当·格兰特，《纽约时报》畅销书《原物》和《给予与索取》的作者，排名第一的TED播客"职业生涯"的主持人

本书重点阐述工作塑造，具有独特性和创新性。长期以来，我们都在听人力资源专业人士说，"我们最宝贵的资源就是我们的人力资源"。这一口号本应落实到行动中，帮助员工个性化定制工作，使其在生活中获得良好的平衡，而这些在过去并没有实现。对于那些想让自己的员工茁壮成长的管理者来说，这是一本必读书。

——卡里·库珀爵士，曼彻斯特大学曼彻斯特商学院教授

与任何以往的工作相比，现今的工作越来越令人不满意。对我们所有人而言，工作塑造是一个在工作中实现个性化革命的绝佳机会，也可能是让我们的工作比以往任何时候都更有价值、更能令人快乐的方法。

——布鲁斯·戴斯利，《工作的快乐》的作者，

推特前欧洲副总裁

对于人力资源经理、组织学者以及任何希望事业蒸蒸日上的人来说，本书都是一笔宝贵的财富。罗伯·贝克为个性化定制我们的工作提供了一个令人信服的理由，还帮助我们更清楚地理解那些妨碍我们个性化定制工作的因素。

由于人们在工作上会花费大量时间，贝克强烈建议人们以促进发展的方式塑造工作，这样的建议非常有力。贝克的书预示着一种新的工作方式，而这正是我们所需要的。这是一本必读书!

——利·沃特斯教授，组织心理学家，积极心理学专家，

《力量转换》的作者

罗伯·贝克写了一本重要的、进步的、实用的书。我把它推荐给任何渴望更有效率、更有成就感的工作和生活的人。

——马修·泰勒，英国皇家艺术学会首席执行官

工作塑造是一种经过验证的增强工作意义的方法，而且有充分证据表明，实行工作塑造后，员工的工作绩效会显著提高。罗伯·贝克的书讲述了工作塑造是什么、如何实施，以及有怎样的预期结果，这是该领域迄今为止最好的一本书。对于任何有兴趣帮助员工和组织蓬勃发展的人来说，这是他们的必读书目。

——金·卡梅隆，罗斯商学院管理与组织系威廉·拉塞尔教授

如何定制我们的工作，使其满足我们不断变化的需求，这是当代员工面临的一个关键问题，而本书对于这个问题的描述

简单易懂且引人入胜。许多工作还在依靠过时的科学管理原则，因而缺乏灵活性，采取一刀切的方法。而贝克用一个令人信服的论据解释了为什么这种方法不再适用，并带我们了解了如何以满足个人和组织需求的方式探索、尝试、鼓励和加入工作塑造。这本书广泛涉及并深入探讨了工作塑造对提升员工参与度、幸福感和工作绩效的作用。

——卡罗尔·阿特金森，曼彻斯特城市大学商学院体面工作和
生产力中心人力资源管理教授

这本书提出了一个引人注目的观点，即我们需要个性化定制人力资源和管理实践，以提高员工幸福感和工作业绩。这是一剂非常及时的良方，可以消除天真的假设，即在工作世界或其他地方可以找到普遍的解决办法。每个人都是独一无二的，所以我们人力资源的任务是找到合适的、独特的方法来与人们打交道，释放他们的潜力。

——托马斯·卡莫罗-普雷姆兹克，伦敦大学学院和哥伦比亚
大学商业心理学教授，人力资源集团首席人才科学家

对我们许多人来说，工作已经不仅仅是一种谋生手段。罗伯·贝克为那些渴望在工作中获得更多意义和目标的人编写了一本手册。

我们的工作从未像今天这样定义我们，而工作的未来发展也从未像今天这样不确定。与其努力为最好的公司工作，不如

努力成为最好的员工。这本书将帮助你做到这一点。工作塑造和技能塑造是我们未来的一部分，但我们很多人还没有集中精力去应用这种方法。

《个性化工作》挑战了我们看待工作的旧方式，教会了我们为自己和团队打造更好的职业生涯。为了了解未来的工作以及它对我们意味着什么，这是一本必读书。

——格廷·纳丁，贝内菲克斯健康总监，

《美好世界：世界各地改善员工体验的经验》作者

罗伯·贝克提出了一个所有公司都一直渴望的东西，即一种对员工和市场都保持相关性、可行性和吸引力的方法。我同意他的观点，即当今的工作场所和未来的工作场所都需要工作塑造和个性化。我会把这本书里的概念作为我的人力资源/商业图书馆的重要组成部分。

——史蒂夫·布朗，美国人力资源管理协会认证高级专家，拉罗萨公司人力资源副总裁，《人力资源的目的》作者

罗伯·贝克让我和我热爱的行业（人力资源）朝着工作的真正未来迈进了一大步。我们所热衷的不是媒体的噱头，而是工作的个性化发展以及将工作塑造带入人们的工作和生活。

工作和角色设计已经机械化，采用按数量分配的方法，而这样的方法已经是老皇历了，但直到现在，还没有人构想出角色设计的下一阶段。虽然我非常相信自我管理的企业，

但罗伯·贝克给了我们另一种选择：自我设计的工作。这就是工作的未来——员工与人力资源专业人员协调一致地设计工作，以建立能够发挥员工优势的角色，促进他们学习，并为与他们合作的组织带来价值。

这并不是说工作的未来是人，人已经成为工作的重点。而工作的未来是个性化。

——佩里·蒂姆斯，人与变革型人力资源有限公司创始人兼首席能源专家，《变革型人力资源》作者

在《个性化工作》一书中，罗伯·贝克为现代职场的成功和幸福写了一本手册。其信息很明确：工作的未来是个人。这是一份权威的工作塑造指南，阐述了工作塑造能给你和你的企业带来的诸多好处。

——马克·吉尔罗伊，团队管理系统发展国际有限公司总经理

《个性化工作》是一本引人注目、信息丰富和发人深省的书。下一代员工对意义和目标的要求更高，为了给所有人提供更有价值的体验，工作塑造是其解决方案的关键部分，所以说这本书的出版非常及时。我们中的许多人开始工作的时间都要晚于我们的前辈，为了确保我们能以尽可能快乐和高效的方式工作，这本书是我们的必读之作。"个性化工作"这个概念将会实现双赢。

——罗辛·库里，格雷格斯公司人事和零售总监

各大公司都在努力从宏观层面上给员工的工作和生活灌输一种使命感。我们是不是一直都错过了什么窍门？在一些令人大开眼界的见解的支持下，《个性化工作》提供了一个实用指南，指导企业如何通过工作塑造，帮助个人在个性化的工作中找到更大的目标。对于任何真正重视员工的企业来说，这无疑是一个值得追求的目标。

——约翰·赖德，蜂巢人力资源创始人兼首席执行官

从业者视角
利兹市议会首席人力资源官安德鲁·多德曼

作为人力资源从业者和领导者，我们本能地认为，优秀的工作、创新的工作方式和出色的人员管理将深刻影响一个机构蓬勃发展和适应环境变化的能力。我们也为人力资源在帮助企业成功管理和领导员工方面所做出的直接贡献感到自豪。然而，为什么我们的职业、我们的努力和辛勤工作并不总被认为是至关重要的呢？在向人们解释我在人力资源部门工作时，为什么他们的回答是："人力资源，其实就是无关紧要，对吗？"也许这更多地反映了我个人的从业经历，而不是整个人力资源行业的现状，但我不禁想要知道，罗伯·贝克在他的第一本书里，是否指出了人力资源和商业界面临的一个根本性挑战？

虽然我们很容易地认识到良好的人事管理与业务成果之间的因果关系，但也许是我们运用技巧的方式让人失望。在试图合理地管理人员时，我们几乎总是告诉员工怎么做；我们告诉他们政策和程序，提供建议、指导和决定，甚至规定每个人在工作时应有的价值观和行为，规定整个工作场所的文化。当然，并非所有公司都如此标准化和规范化，许多公司越来越支持重视员工的发言权、参与度和工作体验。然而，即使在这些进步、开明的工作场所，仍然是人力资源部门提出（员工调查）问题、分析答案，并采取积极的管理措施来提升员工的企业认同感和业绩。罗伯·贝克这本书的核心是一种十分不同的范式，这种方法挑战了以往人力资源部门对员工进行管理的理念。他认为，每个人都应该能够管理自己，即创造自己的工作、任务、人际关系、幸福、技能和职业生涯。

从概念上讲，这种方法很容易理解。塑造自己的工作，赋能并鼓励每个人每天都以自己多样化、完整和最好的一面去工作，从而提高参与度和绩效。它认为，一个公司的竞争优势最终将来自发掘每个员工潜在才能的能力，而工作塑造的机制有助于发挥个人优势、发掘潜在能力。这本书的核心是论证个人的力量。我们本能地知道这是有道理的，因为当我们回顾自己在工作场所最快乐、最有效率的时期时，我们总会想到某个人——也许是我们的直属经理、同事，甚至是我们自己，因为我们受到了他们独特的创造力、思维、举止和行动的激励。同样，我从员工那里听到的最大的抱怨就是，人力资源部门的干预措施让人感觉不切实际，完全不痛不痒，并且忽视了个人的需求。

罗伯·贝克准确地指出，人们努力追求选择权和个性化。这本书条理清晰地论证了，通过工作塑造实现的工作中的个性化，不仅仅是另一种员工参与工具或技术。事实上，无论是在管理变革、灵活工作、健康和福利、绩效管理、多样性和包容性等方面，还是在人才管理等领域，它都可以为一系列人力资源干预措施带来诸多好处。因此，令人惊讶的是，一个概念简单、贡献如此广泛的方法，并不在每个人力资源从业者当前工作日程的前列。

这是不是因为工作塑造仅仅是最新的时尚潮流，因此对于忙碌的人力资源从业者和领导者来说，它无非是一种微不足道的消遣？罗伯·贝克直接谈到了这一点，并提出了个性化工作的实证根据基础。这本书还强调，从设计上来说，工作塑造并不是一个体积庞大、自上而下、需要在公司中进行品牌设计和积极推广的管理或人力资源计划。我们从众多的例子中可以看到，工作塑造是如何经常以谨慎的、非正式的和沉默的方式应用的。它的应用甚至可以被视为家常便饭，但对于那些选择自己塑造工作的人来说，它的影响同样巨大。

工作塑造至今未能渗透到人力资源管理实践中，是因为它对管理控制构成了威胁吗？它会损害公司结构、战略、政策、程序和公认惯例吗？更糟糕的是，它可能会缩小人力资源从业者的规模和范围吗？罗伯·贝克再次仔细思考了这一点，他认为工作塑造不是万能的，它应该贯穿于员工的整个就业生命周期。有趣的是，还有人认为，在当前不断变化和模棱两可的环境中，指望少数人（即管理者和领导者）做出决策是愚蠢的。只有所有的员工都能够并愿意利用他们的多样化才能，企业才能适应、创造和创新。

这本书提供了许多实用的建议，以帮助发展和促进工作塑造。它鼓励人力资源从业者在共同设计个性化原则方面发挥关键作用，同时发展支持性的方法和文化，为员工赋能，相信他们能够"安全"地塑造工作。不过需要注意的是，人力资源部门应该避免将塑造工作视为己有，并将其系统地应用到工作中去，最终要由每个人来考虑何时何地、何因何式地调整和塑造自己的工作角色。那么，人力资源从业者应该如何开始考虑这种新兴的、重要的、以人为本的组织管理方法呢？答案很明显。从个人开始……从你自己开始！尝试塑造你自己的角色，借助本书提供的实用支持，拥抱你的个人创造力和活力，让它们在你的公司中产生反响。

学术视角

密歇根大学罗斯商学院罗伯特·L．卡恩杰出大学荣誉教授简·达顿

工作设计研究有着丰富的历史，它源于工作工程学方法在改善工作中的应用。这种方法基本上是自上而下的，给管理层和领导层提供了一个有利的位置，让他们知道如何、何时及为何要改变工作，以便以更有效、更有成就感的方式来完成这些工作。在过去的20年里，通过引入工作塑造的概念，这种关于如何有效设计工作的观点已经发生了彻底的变化。工作塑造的中心阶段是员工自己对工作进行细微的改变，以提高参与度、幸福感和绩效。这种对如何重新设计工作的看法的转变，对于如何改善和转变工作的可能性，对于更广泛的人力资源管理和组织科学，具有深远的影响。令人欣慰的是，罗伯·贝克阐述并整合了20年来对这一过程的研究，解释了工作塑造为何至关重要、它如何适应更广泛的工作个性化趋势，并指导我们如何将其运用到任何组织中。

有时候，各种力量会交汇在一起，对于一本融合了学术研究和实践干预的书来说，它的问世正是时候。这种融合为改进工作方式、扩大其对个人和组织的影响提供了有用的基础指南。工作塑造是一个过程，也是设计

工作的一种方法，属于它的时代已经到来。正如罗伯·贝克所说，这种工作方式和人力资源实践完美地契合了对个性化的强调，但这一次是工作的个性化，而不是产品或服务的个性化。与此同时，工作塑造以小规模工作变动来释放人类智慧，会提升工作中的创造力和创新力。随着员工获得自由和能力，改善其工作方式，使之更好地与他们的优势、兴趣和价值观协调发展，工作塑造可以成为开发和再造人才的引擎。对工作塑造影响的研究证实，这些断言不是抽象的希望，而是工作塑造的部署者可以期待的具体结果。

这本关于工作塑造的实用图书的问世恰逢其时，除了以上这些合乎逻辑、引人入胜的理由，我还在想，工作塑造这个概念的起源或研究根源是否也有助于提高这本书（以及"个性化工作"这个概念）的吸引力。20世纪90年代末，我和艾米·沃热斯涅夫斯基、盖莱·德贝比组成了一个小型研究团队，致力于解释员工如何应对贬值的工作。我们采访了一小组（确切地说是23名）在当地大学医院负责清洁的后勤人员，显然，日常清洁对该机构的工作非常重要，据此，我们向他们了解清洁打扫的日常经验。他们的大量叙述都详细描述了在工作中所做的微小改变，这些改变使得他们关心照顾病人、病人家属、护士，有时还有医生时更加得心应手，这让我们深受鼓舞。这个研究是工作塑造概念及其不同类型识别的起源与灵感。在关于工作塑造的描述中，会经常提到清洁人员的例子（尽管这项研究的样本少而独特），这让我觉得，通过这项研究，人们发现工作的本质蕴含着深深的人性化和希望，这也帮助提升了这项研究的相对受欢迎程度。工作塑造这个概念，以及医院清洁工这些鲜活的例子，都证明了工作作为一个人力、创造力和参与度的集合点，是可以产生各种可能性的。如果我们用一种更大方和发展的眼光来看待人们在工作中想做什么和能做什么，那么这些可能性都有待注意和培养。

我希望《个性化工作》一书的所有读者都能受到激励，去探索以更成熟、更系统的方式进行工作塑造所带来的可能性。关于如何引入、评估和改进工作塑造方法，这本书提供了一些基础和实用的想法，以及各种领导者和组织如何利用此种强大工作方法的有用例子。这是一种在工作中促进人们日益成长的方法，不但能够创造有价值、可持续的收益，而且又不需要财政投资。然而，作为个性化的一种方式，工作塑造确实需要我们相信，在工作中，这种人性化的事业是释放人们工作潜力的一种有意义、强有力的方式。对我来说，这是一种我会坚持不懈的信念。

为什么有些组织和团队蓬勃发展，而另一些却举步维艰？让员工获得卓越绩效的基石是什么？人们如何在工作中找到真正的意义和目的？

这些都是我在整个人力资源职业生涯中一直好奇的问题。通过对积极心理学、行为科学、人力资源管理等领域的正式学习和个人研究，我努力从科学和学术的角度探索和理解我们所掌握的知识。事实证明我们掌握了大量信息。

作为一名人力资源领导者，我发现，这项研究在实践中并没有得到广泛地了解、分享或实施，这一点令人惊讶。人力资源专员和专业人士在很大程度上仍未阅读和探索这些广博的知识。

这本书的核心内容是工作塑造，这是一个学术界进行了大量研究的概念，但是由于各种原因（我们将在本书中讨论），这个概念一直没有得到充分开发，也没有充分转化为组织实践。工作塑造描述的是人们改变其工作的行为方式、互动方式和思考方式，从而使工作更加个性化。它为人们赋能，邀请、鼓励人们每天成为多样化的、完整的自己，以最好的状态来工作。

撰写本书的目的是提出具体的工作塑造依据，以及更广泛的个性化工作方法，并将其与实际想法和案例研究相结合，探讨如何在个人、团队和组织中实践这一理念。当然，工作塑造并非灵丹妙药，我们将一起探索它的局限性和潜在副作用，以及各种影响因素（放大或抑制工作方法的定制效果）。

这本书分为4个不同的部分：①探索；②试验；③鼓励；④加入。

这4个部分代表了从学习一个概念到在组织内部和组织之间灌输这一概念的过程。在《探索》部分，我将介绍工作中的个性化为何至关重要，以及人们如何通过工作塑造来个性化定制他们的工作。在《试验》部分，你将了解如何在自己的角色中亲自探索工作塑造，并在团队中进行测试。第三部分为《鼓励》，将提供思路和研究，探讨如何让工作塑造这一概念成为可能并赋予其活力，同时强调限制和障碍。最后，第四部分为《加入》，将概括介绍如何在整个组织中以可持续的方式加入工作塑造的思维模式。

当然，虽然我已经尽力避免错误，但它可能还是会出现在这本书里。这些错误都是我一人造成的。同样，尽管这本书反映了我在撰写本书时对证据和研究的思考和解释，但我相信我的思维在未来会发生改变、发展和进化，如若没有，我会感到失望。

我强烈鼓励你在阅读、评价本文的证据、案例研究和例子时保持好奇心和批判精神。我非常相信我在这本书中与大家分享的这些想法、概念和研究，但我也认识到，与强烈的信念并存的是潜在的偏见。我只能说，我意识到了这一点，并试图在我分享的信息和细节中尽可能保持平衡。

我与研究人员、学者和人力资源从业者们就书中要提供的细节和信息进行了多次对话。我非常清楚如何淡化复杂而细微的概念，也知道如何从复杂的研究中挑出合适的结果。与此同时，我希望这本书可读性强、实用性强，能适用于那些好奇但忙碌的人力资源专员和人事主管。在研究和案例探究的深度和广度方面取得恰当的平衡，这感觉有点像走钢丝。如果我在这本书中不时摇摆不定，请原谅我。

✳ 还有一些需要注意的事项

这本书包含了许多例子和案例研究，而这些都以我在工作和研究中遇到的具体例子为基础。为了有助于清晰、简洁、流畅及保密性（在某些情况下），我们对其中一些事例的背景及个人名字进行了微调。

如何使用这本书

正如我希望你去塑造你的工作一样，请以最符合你个人需求的方式使用这本书。虽然这本书的结构和设计是连贯一致的，但我完全鼓励你跳过一些章节，钻研其他更相关、更有趣的内容。本着同样的精神，我保证即使你在整本书上乱涂乱画，我也不会生气。请开始吧。

对我来说，衡量成功的一个标准是——作为读者，你感到自信，清晰地了解了工作塑造的内涵，以及它如何与你的个人抱负和公司追求相吻合（如果你觉得我成功了，请告诉我）。假如读了《个性化工作》一书之后，你有勇气和好奇心去亲自、主动地塑造自己的工作方式，使其更符合你的优势、激情和专业知识，那将是一件非常棒的事情。让我知道你进展得如何吧，祝你工作塑造快乐。

致谢

———

在我的生活中，我非常幸运地得到了很多鼓舞人心、友爱有趣的人的帮助、支持和鼓励。

首先，我要感谢我美好家庭的爱与支持。我的妻子克莱尔，谢谢你所做的一切，是你让我充满灵感、理智，是你给我爱和支持，是你让我脚踏实地，不断问自己"那又怎样"。芬和埃维，你们无条件的爱是我能量和动力的无尽源泉。我希望你们能够追随梦想，创造和规划你们的生活。爸爸妈妈，感谢你们所做的一切；你们的爱、鼓励和温柔的鼓舞是我的一切。叔叔，谢谢你让我脚踏实地，日后请继续给我提建议。

其次，我要感谢所有相关领域的学者和研究人员，是你们的工作和想法塑造了我的思想。我引用了你们的许多伟大研究。如果没有你们对如何让工作世界变得更好的持续好奇和研究，这本书是不可能出版的——我站在你们的肩膀上。我要特别感谢加文·斯莱姆普（Gavin Slemp）、佩吉·克恩（Peggy Kern）、乌塔·宾德（Uta Bindl）和玛吉·范登赫费尔（Maggie Van den Heuvel），感谢你们愿意合作，感谢你们如此慷慨而耐心地分享你们的智慧和研究成果。

墨尔本大学的积极心理学中心为我介绍了许多理念和概念，而这些理念和概念正是本书的基础。我非常感谢利·沃特斯（Lea Waters）、黛安·维拉·布罗德里克

（Dianne Vella-Brodrick）及泰雷兹·乔伊斯（Therese Joyce）给了我鼓励和勇气，让我将在该中心学到的理念和想法应用到"真实的"工作世界中。

就这本书本身而言，我首先要感谢出色、睿智和不知疲倦的佩里·蒂姆斯（Perry Timms），感谢你给了我无条件的个人鼓励和建议。感谢艾莉森·琼斯（Alison Jones）帮助我把不成熟的想法发展成（半）条理清晰的书籍大纲。在科根佩奇出版社，我要感谢所有帮助过我的人，特别是露西·卡特（Lucy Carter），感谢你对这本书的想法感兴趣并给予支持。我还要感谢斯蒂芬·邓内尔（Stephen Dunnell），感谢你以谨慎而冷静的方式指导我完成了写作过程。特别感谢伊安·米勒（Ian Miller，我的表弟）的设计技巧，以及杰西卡·坎迪（Jessica Candy）、埃文·琼斯（Evan Jones）和凯蒂·琼斯（Katie Jones）对封面设计的支持。

在工作和研究中，我非常幸运地遇到了许多优秀的人，无论他们是否知情，这些人都帮助我塑造、发展、挑战和改变了自己的思维。对我的工作塑造研究做出了积极贡献的人有：亚历山德拉·约翰斯顿（Alexandra Johnston）、安迪·多德曼（Andy Dodman）、安妮-玛丽·利斯特（Anne-Marie Lister）、阿什·布坎南（Ash Buchanan）、贝伦·巴雷拉（Belén Varela）、鲍勃·默伯格（Bob Merberg）、塞西莉·托塞特（Cecilie

Torset）、查理·莱文顿（Charlie Leventon）、夏洛特·阿克森（Charlotte Axon）、克里斯·费内尔（Chris Furnell）、克莱尔·勒格赖斯（Claire Le Grice）、克莱尔·沃尔顿（Claire Walton）、邓肯·阿彻（Duncan Archer）、埃莉斯·莫里斯（Elise Morris）、伊娃·玛丽亚·希莱因（Eva Maria Schielein）、加里·巴特菲尔德（Gary Butterfield）、加里·特纳（Gary Turner）、杰夫·埃林厄姆（Geof Ellingham）、格欣·纳丁（Gethin Nadin）、吉尔·泰特（Gill Tait）、吉塞尔·蒂默曼（Giselle Timmerman）、汉娜·韦斯曼（Hannah Weisman）、希瑟·门罗（Heather Monro）、詹姆斯·麦克格林（James McGlynn）、詹姆斯·卢瑟福（James Rutherford）、杰西卡·阿莫特吉（Jessica Amortegui）、乔·费希尔（Jo Fisher）、乔·默里（Jo Murray）、乔迪·洛（Jodie Lowe）、约翰·特纳（John Turner）、朱尔斯·史密斯（Jules Smith）、凯蒂·利曼（Katie Leeman）、基思·皮尔（Keith Peel）、拉塞·克瓦斯内斯·汉森（Lasse Kvarsnes Hansen）、林迪·泰特（Lindi Teate）、丽莎·戴维森（Lisa Davidson）、洛兰·马斯特斯（Lorraine Masters）、露西·哈伍德（Lucy Harwood）、曼迪·巴克（Mandy Barker）、马克·克拉布特里（Mark Crabtree）、马克·吉尔罗伊（Mark Gilroy）、梅勒妮·张（Melanie Cheung）、梅

丽莎·贝克特（Melissa Beckett）、迈克尔·霍普金斯（Michael Hopkins）、米凯拉·朔贝罗娃（Michaela Schoberova）、米歇尔·迪克斯（Michele Deeks）、米歇尔·麦奎德（Michelle McQuaid）、米歇尔·明尼金（Michelle Minnikin）、内奥米·伍兹（Naomi Woods），娜塔莎·华莱士（Natasha Wallace）、纳塔尔·丹克（Natal Dank）、尼古拉·莱登（Nicola Leyden）、伊诺尼·塞尔（Oenone Serle）、帕梅拉·努涅斯·德尔普拉多（Pamela Nuñez del Prado）、雷切尔·泰勒（Rachel Taylor）、理查德·库珀（Richard Cooper）、罗伯·布里纳（Rob Briner）、罗伯特·里奇（Robert Ritchie）、萨拉·考克斯（Sarah Cox）、萨拉·杜瓦（Sarah Dewar）、莎伦·帕克（Sharon Parker）、西夫·海迪·布雷维克（Siv Heidi Breivik）、泰雷兹·乔伊斯、特雷西·雷（Tracy Wray）和维基·巴恩斯（Vikki Barnes）。感谢大家。

献给我的家人，无论过去还是现在，

感谢你们的鼓励、爱与支持

目录

**第二部分
实验**

**第三部分
鼓励**

第四部分

加入

第一部分

探索

第一章 个性化为何至关重要

　　我们的工作存在问题。如果将工作比作一件衣服，那么对于大多数人而言，工作就是一件紧身衣，或者最多是一套不合身的西装。现代的工作环境正令我们失望，它限制了我们多样化的技能、优势、激情和兴趣，而不是将这些特质发扬光大。难怪全球超过86%的人没有充分投入到自己的工作中，缺乏热情和活力。

　　在社会生活和商业往来中，人们很愿意接受产品和服务的个性化发展。我们既喜欢，也重视在自己所做的事情及做事的方式中体现出个人风格、信仰和激情。如果我们鼓励人们像裁缝为客户量身定做西装那样来定制自己的工作，那会怎么样？如果我们开始以人为本打造工作内容，而不是期待人们以工作为中心，不断让自己走形变样，又会如何？如果我们采取更个性化的方法呢？个性化特点突出会让人有怎样的体验？这些都是我们将在本书中探索的问题。

　　那么，我们如何在工作中融入个性化色彩呢？答案在于工作塑造。工作塑造为人们赋能，鼓励人们成为多元、完整的人，实现最好的自己，每天通过提升参与度、工作满意度和适应程度来积极工作、茁壮成长。工作塑造是一个基于研究与证据、对工作进行个性化定制的方法，其相关研究引人注目——它促进创新，增进健康和幸福感，并使工作更加有意义、有目的，提高生产力。本书重点阐述工作塑造的定义，它对个人、团队和组织的积极影响，以及如何在实际层面上鼓励和加入个性化体验。但在阐述工作塑造的研究、证据和案例之前，我们应先探讨个性化的概念、其至关重要的原因以及为什么大多数组织都缺失个性化。这些将是本书前两章的重点。

在第一章中，我们将探讨个性化的定义、不同的行业和部门如何进步演化，从而促进更多的个性化定制发展，以及为什么定制和塑造产品及体验的能力让我们感觉良好、表现出色。通过探索使用个性化来创造卓越的客户体验的例子，我们会看到技术和创造力带来的可能性。相比之下，我们也会从这些例子中看到，在大多数工作场所中，以员工为中心，或者说以人为本的思维模式在人们的体验中有多么罕见。

1　个性化革命—— 一段（非常）短暂的历史

个性化是设计或生产某种东西以满足某人个人需求的行为。如今，除了大多数工作场所之外，个性化几乎渗透到了我们日常生活的方方面面。我们现在可以个性化配置自己的汽车、衣服和假期。但情况并非从来如此，在过去，定制是劳斯莱斯或萨维尔街的高端服务，价格高昂。而随着新技术、生产和信息系统的出现，成本在降低，个性化服务也更为经济实惠、广泛可得。成本的降低加上数字技术的发展，使得更多有能力、有兴趣的消费者参与定制他们购买的产品和服务。

"现货"一开始听起来像是一个陈旧过时且标准较低的词语。在社会生活和商业交易中，人们既喜欢，也重视在所做的事情及做事方式中体现出自己的个人风格、信仰和激情。因此，消费者越来越想要个性化定制的产品和服务，以满足和放大他们的偏好、个性和生活方式。

个性化现在无处不在，但很难准确指出这一概念是何时从专业奢侈品转向更主流产品的。发现趋势的一种方法是观察一个单词或短语在我们现代语言中的使用。在谷歌图书项目扫描的数以百万计的书籍和文章中，术语"个性化"的出现率从1950到2009年增加了16倍。我们将在本章进一步探讨，虽然现有数据目前仅到2009年，但是没有任何迹象表明这一术语的使用会减少。事实上，有各种迹象表明，随着个性化定制我们的产品、服务和生活变得更容易、更便宜，这一术语的使用还会进一步激增。

（1）一刀切并不适合所有情况——来自汽车制造行业的见解

过去，汽车制造商和设计师将客户的异质性和多样性视为一个需要克服的问题或业务挑战。随着时间的推移，这种心态已经发生了转变，制造商越来越认识到，响应和利用个人偏好是竞争优势的来源。

福特汽车公司的创始人亨利·福特（Henry Ford）有一句非

常著名的名言："任何顾客都可以让汽车漆成他想要的任何颜色，只要它是黑色的。"福特在1909年就T型车发表了这样的评论。尽管遭到了销售和设计团队的游说，但福特仍然坚持认为，自己的公司应该通过只提供一种底盘和一种颜色的汽车来节约成本和提高效率，这种颜色就是黑色。福特在自传中指出，他的理由是，95%的潜在购车者对自己汽车的颜色不感兴趣，因此他们公司应该关注这些消费者，而不是那些可能对更有特色的外观感兴趣的占比为5%的人，这些人被福特称为"特殊客户"。不可否认的是，福特的做法是成功的，当T型车最终在1927年5月25日退出生产时，福特已经生产了1500多万辆T型车。

虽然很难质疑福特原创思维的成功，但可以肯定地说，现代汽车制造商并不采用"一刀切"的方法，福特汽车公司目前也不采用这种方法。如今，所有购买者似乎都希望成为亨利·福特所指的那5%的"特殊客户"，希望能够定制和选择自己车辆的规格。福特亚太区客户服务部副总裁约翰·库珀（John Cooper）说："如今，客户将汽车视为个性的延伸，他们渴望定制自己的汽车，从而在车群中脱颖而出。"现今的汽车消费者可以个性化定制自己的汽车，并且可定制的项目远远不止颜色和发动机。

那些想要更多的购买选择和个性化定制的人们不再被认为是挑剔苛刻的了。为了鼓励人们选择自己的汽车，现在福特和其他汽车制造商在世界各地都设有车辆个性化中心。这些展厅旨在打造定制化的购车和驾驶体验。在这里，人们不仅能够看到各种汽车，进行驾驶测试，还可以使用沉浸式的技术来配置汽车。现在，大众、奥迪和丰田的客户戴上虚拟现实耳机后，就能看到、感受和听到他们想要的最终的汽车是什么样子。利用增强实景技术，消费者可以使用智能手机或平板电脑来预测自己的车停在自家车道上的场景。

（2）从大规模生产到大规模定制

正如大规模生产和标准化生产是第一次工业革命的重要遗产一样，大规模定制和个性化生产也与当今的技术革命有着不可分割的联系，而人工智能、机器学习和机器人技术的数字化进步正是这场技术革命的推动力。从生产的角度来看，大规模定制使得产品能够大规模生产，并根据买方的规格进行个性化定制。大规模定制的独特之处在于，客户是设计过程中至关重要的组成部分，实际上是最终产品的共同设计者。虽然现代技术正在使大规模定制成为可能，但这并不是一个新想法。对大规模定制的第一个现代描述可以追溯到美国未来主义者和作家阿尔文·托夫勒（Alvin Toffler）及其1971年的著作《未来冲击》(Future Shock)，该书描述了一种制造业的新范式，即个性化的产品和服务可以以高效率、大规模的方式提供给消费者。

数字化发展和互联网革命使得企业能够以低成本、高质量的方式将制造或服务技术与消费者联系起来。互联网为企业推出在线配置器提供了平台，使客户能够定制他们购买的产品的元素。耐克是最早这样做的知名的公司之一。耐克定制（NikeID），现在叫作耐克专属定制（Nike by You），允许客户个性化定制颜色等鞋类元素，以及在鞋上缝入个人信息和图案。如今，3D打印和其他制造技术不仅能够个性化定制现有设计，还允许消费者轻松上传和打印他们独一无二的产品。例如，像波诺科（Ponoko）和彩滋网（Zazzle）这样的网站，就允许顾客使用3D打印技术制作个性化的物品。

2　个性化带来的积极颠覆

个性化、选择化和定制化的发展趋势正在颠覆行业和部门的运营方式。正如麻省理工学院智能定制团队的联合创始人弗兰克·皮勒教授（Professor Frank Piller）所言：大规模定制意味着从所有人都不同这一事实中获利。许多管理者认为，需求的异质性是一种威胁，是一种需要克服的挑战。不过，我认为这是一个绝佳的赢利机会。如果你设置了正确的流程和产品架构，就可以为客户提供个性化、高效的服务。这正是大规模定制的精髓所在。

皮勒教授与同事和合作者的研究表明，大规模定制有可能使企业和顾客双方都受益。消费者能够以他们愿意支付的价格购买符合并匹配他们的需求和偏好的个性化商品和服务，企业也能够从这种服务中获利。正如我们将在后面的章节中探讨的那样，创建个性化的工作场所对组织和员工也有类似的好处；人们以最适合他们个人风格和优势的方式工作，而组织则从这种工作方式所提供的额外表现、参与度和自主努力中受益。

实践中的一些个性化示例

为了了解如今个性化融入人们日常生活的程度，我们不妨举几个例子，进一步探讨个人塑造其周围产品的能力如何从根本上改变我们购买和消费衣服、汽车、食物和药品的方式。

汽车

2018年，宝马迷你推出了"你的迷你"个性化定制系列。该系列被称为"个性化的下一个阶段"，能让客户成为自己"独一无二"的迷你汽车的设计师，在自己的车上签名。消费者可以通过一个在线门户，使用3D打印和激光切割技术，制作个性化的产品。比如，带有个性化图片或姓名的仪表盘。汽车后视镜下方有隐藏的特殊灯光，在解锁汽车或打开车门时，会把自定义消息或图像投影到路面上。

药品

我们的健康是由我们的基因组成以及环境和生活方式等因素共同决定的。过去，所谓的"畅销"药物是为了治疗尽可能广泛的人群而开发出来的。在使用传统的治疗方法的时候，几乎所有病情相同的患者都使用相同的药物，尽管实际上在整个人群中其效力可能只有30%~60%。为了获得医疗执照，制药公司必须证明该药对所有人来说都是安全的。而这一过程需要时间，成本也非常高。

个性化药物彻底改变了治疗过程。通过将我们的基因组信息分析与临床和诊断数据相结合，现在有可能确定我们对疾病的易感性风险，并开发潜在的治疗方法来阻止它们。基于从基因组和诊断分析中获得的这些信息，可以识别患有相同疾病的不同亚型的个体，开发治疗方法，并最终根据疾病的病因对疗法进行个性化定制。

这种个性化定制疗法在癌症的治疗中越来越普遍。例如，在英国的国民健康服务体系（NHS，National Health Service）中，这种个性化定制疗法就很常见。[①]由于所有的癌症都有遗传基础，因此有可能开发出一种遗传或分子诊断方法，用于确定最有效的治疗方法。经研究发现，与传统的"广泛"诊断和治疗相比，这种个性化定制疗法能够显著提高患者的生存率。

个性化食品与营养品

脱氧核糖核酸（DNA）检测并不局限于为人们提供个性化的医疗保健。2016年，美国的哈彼特公司（Habit）领先推出个性化营养服务。2018年，雀巢推出了一项类似的个性化营养服务，目前正在日本进行试点。这些服务通常会向新客户提供一套检测工具，包括采集唾液的拭子和采集少量血液样本的手指点刺测试，用来分析客户的DNA图谱。根据其所使用的服务种类，客户的基因档案可以囊括多达60个不同的生物标记，包含了客户的关键矿物质、维生素和激素的缺乏情况及其耐受水平和敏感度。该分析完成后，客户会收到一份定制的饮食和营养报告，概述了他们的身体对不同食物组的反应。为了与他们的生物特征和生活方式目标相一致（而不是相反），顾客可以购买个性化的食谱、餐点或现成的食品。

---

① 与此类似，中国中医几千年来也是采用个性化的诊断和疗法，一个病人一个药方。——编者注

个性化服装

在购买服装时，大多数人买的都是"现货"——顾客从商店或网上挑选最适合自己尺寸和时尚感的现成服装。对我们许多人来说，找个造型师或量身定制衣服是一生中难得的事情，只有在举行婚礼或去其他重要场合出席活动时，在我们想让自己看起来英俊美丽，并自我感觉良好时才会定制衣服。如今，越来越多的服装制造商和零售商正在寻找方法来挑战和打破我们购买服装的现有方式，并创造更多的机会让服装根据个人规格进行制造或采购。

Zozo和Stitch Fix是两家将个性化和个人风格置于服装购买业务核心的公司。Stitch Fix由卡特里娜·莱克（Katrina Lake）于2011年创立，该公司的使命是"将技术与经验丰富的时尚专家的个人风格相结合，改变人们寻找服装的方式"。只要支付一点费用，人们就可以在线完成一项时尚调查，然后Stitch Fix采用机器算法与人工造型师相结合的方法，精心挑选一系列服饰发送给消费者，且送货和退货都是免费的。2017年，该公司在美国上市，估值为14亿美元。Zozo可以说是一家更雄心勃勃但显然不那么成功的服装公司。这家日本公司的目标是大规模生产定制服装。为了收集测量数据，该公司向民众的家里送去了一套紧身衣，每套衣服都有350多个白点，可以用一款特殊的智能手机应用APP来扫描收集数据。一旦收集了客户的独特尺寸，客户就能够定制服装，包括T恤、衬衫、裤子和连衣裙等。这一想法似乎走在了时代的前面，2019年4月Zozo停止了该公司在日本以外的业务。然而，还有许多公司押注于服装的个性化革命，或许最引人注目的是亚马逊，它目前拥有"按需"定制服装制造系统的专利。

3　个性化为何至关重要

我们为什么重视个性化？它为什么是至关重要的？借助网飞（Netflix）电视节目的帮助，以及宜家组装平板家具的经验，我们将在下一节探讨以上两个问题。

（1）个性化激发快乐

直觉上，我们中的许多人都明白，我们倾向于珍惜和欣赏自己创造的东西。要了解这一点，你只需要在网飞上看一集《与玛丽·近藤一起整理》（*Tidying Up with Marie Kondo*）。玛丽是一个组织顾问和作家。在她的热门电视节目中，她通过关注人们在家里存储、使用和展示的物品，来帮助他们整理、组织自己的生活。为了实践近藤的方法，人们会被要求逐个整理家里的物品，只留下那些能"带来快乐"的东西，而把那些不能带来快乐的都扔掉。

在节目中，当人们整理家里的物品时，人们想要保留的物品往往是自己亲手创造的、定制的或带有个人故事的东西。能激发快乐的"保留物品"往往是个人亲手打造的家具、珠宝、服装、照片或信件，它们具有个人的情感共鸣。对观众来说，有时看到人们想要保留的东西会感到惊讶，因为一些被"保留"的物品看起来并不是特别漂亮，但很明显，对参与者来说，这些物品是珍贵的。如果要说有什么主题的话，那就是它们往往会反映出参与者的某些个人特征，会引发回忆或故事，或者代表那个人生活中的某个篇章。

（2）宜家效应

通过一系列巧妙的实验，科学家们已经探索到为什么对于个性化而言，真的是情人眼里出西施。或者换句话说，就是为什么我们重视自己创造的东西。

哈佛商学院的迈克尔·诺顿（Michael Norton）、加州大学圣地亚哥分校的丹尼尔·莫肯（Daniel Mochon）和杜克大学的丹·艾瑞里（Dan Ariely）等研究人员想知道，亲自参与打造物品是否会影响人们对其价值的认知。在最初的研究中，他们随机分配参与者作为"建造者"或"检查员"。建造者被要求使用标准说明来组装一个宜家的普通黑色纸箱，而检查员得到了一个现成的箱子，并有机会对其进行检查。

在研究结束时，参与者拥有相同的箱子。唯一的区别在于，有一半的人参与了箱子的组装。在研究结束之前，研究人员要求参与者对箱子出价，并评价自己对箱子的喜欢程度。建造者的报价比检查员高得多（超过1.5倍），他们对盒子的喜欢程度也更高。因此，研究人员创造了"宜家效应"一词，指的是与现成的商品和服务相比，人们对自己参与建造的物品赋予附加价值的现象。

虽然诺顿等人的研究规模相对较小，但在之前和随后的许多研究中发现，宜家效应存在于折纸、乐高积木，甚至彩票等物品中。在折纸实验中，与折纸专家制作的完美的动物相比，参与者愿意为他们自己的初试作品（在本例中为青蛙）支付几乎相同的费用。

一直以来，人们都认为自己创造的东西比别人创造的产品更有价值。直观来看，宜家效应合情合理。我们可能都有过对自组装家具的依恋或喜爱。而这往往更加出人意料，因为它们往往构造得很差（尤其是我组装的家具）。我办公室里的档案柜就是一个很好的例子，我把它们修补粉刷了一下。当我搬办公室的时候，达勒姆的一家公司正在处理旧家具，而我正好对其进行再利用。我不得不把这些柜子拆开，再重新组装起来。我用砂纸把它们磨平，然后重新粉刷。这样做所花的时间比购买新柜子要多很多。老实说，我的技术很糟糕。不过我现在很喜欢这些柜子，尽管它们黏糊糊的，当你路过的时候，要小心不要把漆碰掉。我喜欢这些橱柜的原因是，从某种程度上来说，它们也是我的一部分——它们反映了我对橱柜颜色的个人品位，反映了我通过艰苦的工作将它们组装在一起的信念，也反映了我对回收利用和减少浪费的环保理念的承诺。

关键的个性化原则

在与企业合作探索其工作设计和人员体验时，我建议领导者在谈到工作场所的个性化时考虑3个原则：

原则1：人们（可能）喜欢你给他们的东西。

原则2：如果你想让人们重视某样东西，就让他们亲自去建造它。

原则3：如果你希望人们热爱某样东西，那么就让他们去创造和塑造它吧。

4　个性化可以提升表现

个性化不仅可以影响我们喜欢和重视某个物品的程度，还可以让我们的表现更具优势，尤其是那些能让人们通过定制过程进行自我表达的物品。在美国营销学院的《市场营销杂志》（*Journal of Marketing*）发表的一项研究中，维也纳经济和商业大学的乌尔丽克·凯泽（Ulrike Kaiser）和马丁·施莱尔（Martin Schreier）以及迈阿密大学研究中心的克里斯·亚尼塞夫斯基（Chris Janiszewski）探究了个性化和表现之间的联系。

在实验的第一阶段，研究人员要求参与者挑选或设计一支笔，并告知参与者这些笔将被用来宣传研究项目所在的那所大学。两周后，参与者回来领取笔，并完成一些额外的任务。这包括从字母D、S、E、T、N、R、I中写出尽可能多的2~8个字母的单词的挑战。研究者记录参与者在练习上花费的时间长度（他们的动机），以及产生的正确单词的数量（表现）。结果表明，使用自己设计的笔完成任务的参与者，在这项任务上花费的时间比那些使用之前挑选的"现成"笔的参与者多23%。那些使用自己设计的笔的人也更准确，他们的精确度比对比组高了18%左右。研究小组继续在使用个性化与标准化啤酒垫（包括翻转）和飞镖（包括用飞镖击中目标）的练习中发现了类似的结果。

个性化为何会影响表现

关于个性化为什么会增加主动性、提升表现力，研究人员指出了许多潜在的原因。首先，定制过程将个人身份转移到终端产品。定制将自我的一部分延伸到产品中，实际上也让产品成为自我的延伸。因此，一个人对产品就会有更强烈的依恋，并且更致力于、更愿意和更有动力使用产品来实现他们追求的目标。这项研究得出的一个有趣的结论是，在我们所做的任务中，允许自我表达似乎有优势。尤塞恩·博尔特（Usain Bolt）在2016年奥运会上穿的那双金色球鞋看起来是一项精明的投资（我相信这也是一个不错的营销策略），也许能解释足球明星们个性化定制靴子的趋势。

5 个性化的心理学要素

虽然个性化的吸引力可能感觉很自然，但来自心理学、市场营销学和经济学领域的研究人员仍在继续探索，为什么我们会被自己塑造和打造的物品、产品和服务所吸引。大体上有4个因素可以解释或直接影响我们为什么重视个性化：

- 偏好匹配；
- 成就；
- 投入的努力；
- 创造。

（1）偏好匹配

偏好匹配是指一个人的偏好与特定产品或服务之间的匹配，也可以理解为一件物品是否反映了我们的个人品位和风格。不出意外，与匹配度（即个人风格与产品的匹配度）较低的产品相比，人们往往更看重偏好匹配度较高的产品。

理解人们的偏好很重要，因为如果有人其实并不喜欢某款最终产品的风格或组成元素，他（她）们对它的价值认同就会低于那些对它有强烈认同感的人。当我们为收到的礼物报以虚假的微笑或不真诚的感谢时，我们中的大多数人都会有这种感觉。我们知道自己永远不会使用这份礼物，因为它不符合我们的个人品位。在工作中，这相当于被赋予一项我们不喜欢的任务（没有与我们的技能和优势很匹配），或者被要求参与一个项目，而我们却没有看到或重视它的作用（与我们的价值观和信念没有很好的契合）。

偏好匹配也可以解释为什么我们有时会看重那些我们没有参与设计的东西。我们购买的大多数物品或体验都不是定制的或个性化的。这并不意味着我们不会喜欢它们，但这取决于我们的品位和偏好。同样，在工作中，被告知一个决定并不意味着我们不会重视或尊重它，但是如果我们没有参与决策过程，那么我们被这个决定激励的程度将取决于它是否符合我们的个人信仰和价值观。

（2）成就

作为人类，从根本上讲，我们珍惜向自己和他人展示自己能够成功完成事情的机会。我们会从做事和创造事物中获得满足感。当孩子们完成他们最新的乐高项目时，你可以从他们的眼神中看到这一点，以及为什么在花了一整天做园艺或完成棘手的生活琐事后，晚上喝的啤酒或葡萄酒会如此美味。心理学家认为，成就感满足了我们对展示能力和效力的需求，而这种需求深深植根于我们的人性中。人们能够通过创造东西控制和塑造自己环境中的要素，也能够向自己和他人展示自己创造的能力。创造自己的东西最终会放大我们的激情、自豪感和能力。

如果你抑制或剥夺了人们对自己建造的物品的成就感，那么你也会影响他们的亲和力和价值观。研究人员通过乐高积木任务巧妙地测试了这一点。研究者将参与者分成两组，要求他们建造相同的模型。实验结束时，一组被要求拆除模型，而另一组保持模型完好无损。之后要求两组人员对模型进行评估。研究发现，拆卸者对模型的重视程度明显低于模型完好无损的人。实际上，研究人员剥夺了前一组人的成就感。

（3）努力

经济学家早就知道，人们为追求某样东西投入的努力和精力越多，就越倾向于珍视它。所以，个性化具有强大力量的部分原因是，人们在定制或个性化过程中投入的努力会转移到产品上，导致人们也会更加喜欢该产品。这也许可以解释为什么人们认为自家种的蔬菜水果的味道更好。其出众口味的秘密可能不仅在于新鲜，也可以用"努力效应"来解释。我们在自家蔬菜水果的成长过程中付出了努力，这意味着我们最后会更加重视自种的最终产品，而不是在当地超市买的现成产品。努力效应也存在于其他动物身上。对包括老鼠和鸽子在内的其他动物的研究表明，它们也偏爱需要努力才能获得的食物。

（4）创造

人们倾向于重视自己创造的物品。通过塑造、制作或创造一个物品，人们把个人指纹印在了最终产品或结果上。市场研究人员尼古劳斯·弗兰克（Nikolaus Franke）、马丁·赖埃尔（Martin Schreier）和乌尔丽克·凯泽在实验室实验中发现，人们重视自行设计的艺术品，仅仅是因为他们觉得自己是物品的创造者。研究人员将其称之为"我自己设计"效果。通过一系列对围巾、手表、T恤和滑雪板等物品的研究，他们一致发现，与风格相似但不完全相同、没有定制选项或定制选项有限的物品相比，参与者对自己创造或设计的物品给予了更高的评价。研究发现，当定制效果让人满意时，以及客户或参与者认为自己对最终结果贡献最大时，"我自己设计"的效果甚至更明显。

一个产品的创造也使人们能够深思自己的个人身份。在《新科学家》（*New Scientist*）杂志的一次采访中，印第安纳大学的营销研究员凯莉·赫德（Kelly Herd）强调，个性化的产品为人们提供了一个展示真实自我的机会。她指出，这种做法满足了人类的一种基本需求，也解释了为什么人们会为自己定制的或个性化的商品支付更高的价格。正如她所说："人们创造了客观上十分没有吸引力的东西，但他们就是喜欢。"

（5）个性化因素的相互作用

虽然个性化的每一个因素都会影响人们的价值感受，但是要认识到这些因素可以相互作用、互相影响。例如，研究人员已经证明，虽然个性化过程中的努力和精力与价值水平的提高有关，但只有当人们重视最终产品（即有强烈的偏好匹配）时，情况才会如此。如果最终产品的主观偏好匹配度较低，那么创造过程中的努力和精力会被视为成本，而不是投资，这最终会对产品的价值产生负面影响。从极端的角度来看，可以用这样的例子来说明这一点：一个艺术家破坏他一直努力创作的艺术品的画布，或者一个孩子在愤怒和沮丧中，把他一直在制作的乐高模型（如果它看起来不像他想象的那样）拆开。

6 结论

以客户为中心的企业越来越多地为消费者创造机会，使他们能够个性化定制其购买的产品、服务和体验，这种行为具有清晰明确的理由。我们对某个产品的创造做出了积极的贡献，这种感觉让我们对该产品产生了更大的亲和力与依恋感。与被简单给予的物品相比，我们也更加重视自己定制的东西。个性化商品不仅让人感觉更好；在适当的情况下，他们还会让我们表现得更出色。

在生活的方方面面，我们几乎都可以进行个性化定制产品和服务。然而，在我们生活中的一个重要领域——工作场所，却往往缺少一种量身定制的、以人为本的方法。尽管在利润和绩效方面有潜在的好处，但很少有组织会采用个性化的工作方式。从技术的角度来看，我们现在正处于许多人所称的第四次工业革命中，但我们的领导风格和管理实践似乎仍然与已有120多年历史的管理思想紧密捆绑。传统的"自上而下""重控制"和"大规模生产"的工作方式和领导风格仍顽固存在的原因及其代价将是下一章的重点。

要点

- 我们生活的各个方面都在经历一场个性化革命，唯独工作方式除外。

- 人们倾向于看重自己打造的东西，热爱自己创造和个性化定制的东西。

- 个性化可以激发动力，让我们积极地表达自己，可以让我们的表现更具优势。

- 个性化的力量可以用4个因素来解释：偏好匹配、成就、投入的努力和创造。

关键问题

- 你认为个性化的主要好处是什么？

- 在你的公司里，人们有哪些机会可以个性化定制他们的工作？

- 你在多大程度上鼓励人们参与公司的关键决策和变革过程？

第二章　我们的工作中为何缺少个性化

在工业革命初期，人们迁往城市，在新建的工厂里工作。起初，工作的分配、结构和实施方式几乎没有什么一致性，这种一致性主要是经过反复试验才建立起来的，一家工厂的运作方式与其他工厂也并不相同。对于如何最好地安排工作或什么才是可实现的产出，人们都没有明确的认识。直到20世纪初弗雷德里克·温斯洛·泰勒（Frederick Winslow Taylor）的出现，情况才有所改变。亚当·斯密（Adam Smith）首先提出了分工的概念，泰勒在这个理论的基础上，对组织和安排工作的最佳方式提出了非常明确的想法。他采用更科学的管理方法，并且可以说，酌情决定权、赋权和参与权并不是他重视的要点。

泰勒于1911年出版的《科学管理原理》（*The Principles of Scientific Management*）可以说是第一部轰动一时的管理学著作，其中对工作应该如何组织和安排给出了明确的建议。泰勒认为，提高生产率的最佳途径是将复杂的工作简化为单个任务，衡量员工所做的每一件事，并将绩效与薪酬挂钩。具体的做法是向表现优异的员工提供激励和奖金，惩罚并最终解雇那些未能达标的员工。泰勒规定，工作的设计目的是确保消除不必要的工作项目，是为所有从事相同活动的劳动者调查、确定并规范其完成每项任务的最有效的工作方法，这就需要把工作拆分成尽可能小的部分。

　　为了追求最大效率，泰勒对工作细节以及工作日休息的最佳时间和准确间隔都一丝不苟地进行了研究。泰勒1898年对伯利恒钢铁厂的研究也许很好地说明了他的详细方法。通过各种试验，他发现工人铲的最佳负载应为21磅（9.5千克），这就是恰到好处的分量：它不太重，不会使工人过早疲劳；但也不太轻，不允许工人有任何松懈。在研究过程中，我相信令他震惊的是，他发现工人们不管铲的是哪种材料，使用的都是同一种类型的铁铲。那些搬运灰烬等较轻材料的人，所承受的负荷要比21磅小得多，而那些铲取铁矿石的人则需要承受更重的负荷。为了解决这一问题，泰勒开发了8种不同尺寸的专用铲刀来处理不同密度的材料。据报道，这使得每铲日产量从16吨增长到59吨。

　　泰勒提出，体力劳动者应该承担工作中的体力劳动，而经理和主管则应承担工作中的脑力劳动。其言外之意是，主管在做出所有决策时，很少或根本没有考虑或认可工人的想法。事实上，主管（或泰勒所说的老板）的关键作用是确保工人完全遵守规则、不偏离规定，始终都在工人身边进行监督。任何工人如果表现不佳，都会由纪律严明的专业主管进行处理。

　　为了激励员工，公司建立了奖金制度，只要员工严格遵守自己收到的科学而详尽的指示，就能在成功完成工作后获得奖金。实际上，这笔奖金是对他们在工作中放弃自由的补偿。

科学管理之所以流行，是因为它给企业提供了极难获得的低劳动力成本和高产量。这也降低了招聘的难度，寻找和替换人员都变得非常简单。因为生产方式受到了严格控制，人员几乎不需要进行培训，也无须拥有任何经验。

这些听起来熟悉吗？警钟开始敲响了吗？其实警钟早该响了。我们周围的世界正在经历一场个性化革命，但是工作设计和领导风格却基本上没有发生改变。如今越来越多的公司在其外部客户体验中加入并拥抱个性化，但其内部人员体验却往往缺少个性化。与此同时，制造、生产和服务业一直在不断发展变化，而我们的管理方法和工作实践却还没有跟上步伐。如果说有什么进步的话，那就是对我们许多人来说，现今的工作结构与管理方式显示出了第一次工业革命的长尾巴。本章将探讨标准化和控制性的管理实践和工作设计为何仍然存在，并从个人、组织和社会的角度探究变革的关键驱动因素。

1　科学管理的长尾巴

工业工程或科学管理的遗产在我们今天的许多工作实践中还十分常见。2018年，亚马逊获得了腕带设计专利。这种腕带能精确追踪工人把手放在哪里，它会发出振动信号，引导工人们走近存货箱，从而提高完成任务的效率。向零工经济的转变实际上是一种零碎工作的外包模式，在这种模式下，报酬取决于以既定方式完成的个人任务。

2019年，爱马仕宣布快递司机将有权获得更优惠的合同，享受带薪假期等待遇，但前提是他们必须承诺严格遵守公司规定的驾驶说明。这与20世纪初泰勒激励或控制工人的薪酬做法相比毫无进展可言。

　　除了分销或物流业从业者之外，我们中的许多人都熟悉一种更倾向于控制和合规，而非承诺和同意的管理风格。在这样的工作场所，决策通常是为员工做出的，而不是与员工一起做出的；绩效目标是由高级经理设定的，而他们很少或根本没有与实际从事工作的人进行讨论。

　　要想进一步认识泰勒主义的传统，可以看看在不起眼的组织结构图中企业的构造表现方式。自19世纪以来，显示领导在高层、员工在底层的图表几乎没有什么变化，其所用字体和印刷质量可能发生了变化，但管理思想却丝毫未变。正如亚伦·迪格南（Aaron Dignan）在他的著作《勇敢新工作》（*Brave New Work*）中所概括的那样，当他与读者分享不同的组织结构图时，读者总是无法很好地区分19世纪的组织结构图与当今的组织结构图。组织图代表了权力动态性在企业中的体现，它几乎总是从上到下流动的。这是一种思维定式的实际体现，即高级领导人最适合代表其他人做出决策。

（1）组织为何依赖控制与合规方法

　　可以说，泰勒主义对管理思维的影响，和牛顿、爱因斯坦对物理学的影响一样深刻和普遍。在过去的120年里，这种思想为何如此深刻地影响着人们，目前，答案还不清楚。首先，它可能源于这样一种信念，即最资深的领导者或经理的角色职责就是做出关键决策，这种现象有时被称为"高薪人士的意见"。在这种情况下，团队中地位最高的人总是拥有最终发言权。第二，衡量工作的外部因素比衡量人体内部的因素更加容易。随着技术的发展，监控和分析变得越来越容易。例如，现在可以使用智能姓名标签来记录和分析同事之间的每一次谈话和互动的内容，或者使用无人机监控建筑工地的工程进度。第三，控制和指挥的实践确实有效，至少在短期内对于具有明确任务和可控输出的活动是有效的。在注重短期利润和结果的环境中，领导者会依赖在商学院学过的久经考验的技巧或已经融入组织血液的方法，这是合情合理的。最后，从表面上看，试图通过标准化和规范化来尽量减少人类行为的特质，会带来更稳定和可预测的结果。就思维和可预测性而言，人类天生就是混乱的，领导者们为了稳定，或者出于理智而破坏这种多样性也是可以理解的。

（2）控制与合规的成本

尽管从某些角度来看，零碎生产和自上而下的等级结构在短期生产率、效率和产出方面确实行之有效，但从长期来看，它们是不可持续的，也是不可取的。自从这样的工作设计实践投入使用以来，人们就对技能种类单一、缺乏自主性的重复性工作的代价了然于心。

1917年出版的第一期《应用心理学杂志》（*Journal of Applied Psychology*）的许多文章都详细阐述了控制性管理行为所面临的种种挑战。图书管理员麦克切斯尼写道（第176页）：

工业中的人类利益因素可能是一个新名词，但它无疑是当今工业世界的迫切需要。

　　劳动中无法产生灵感吗？ 难道人们必须永远按照死板的常规行事，陷入机械虚无的习惯，得到如此多的苦差事和如此少的报酬吗？我不这么认为。

　　麦克切斯尼强调了科学管理的一个主要缺点，即它不承认或不认可从事这项工作的人的人性。实际上，这种科学方法将人视为机器中的齿轮，剥夺了其工作方式中的所有控制权。剥夺工作的自主权可能会产生短期效益，但从长期来看，会在员工疾病、人员流动、员工反抗、公司声誉和员工品牌方面产生巨大成本。

　　马萨诸塞州伍斯特市诺顿公司的招聘经理费施在1917年的同一份期刊上写到，运用泰勒主义原则的企业的平均员工流失率较高，其员工在一个岗位上工作的时间少于一年。他认为，泰勒主义让工作变得不可持续，结果人们被迫离开工作岗位，或者因为没有完成指标或者目标而被解雇。费施的这一说法得到了当时对工作心理学感兴趣的人们的支持。为了说明这种人员流动的成本，费施写道（第162页）：

　　美国大约有4000万名劳动者，每年有近5000万次工作变动，每次变动都会因针对新工作的培训而产生大量开支。各种成本，包括损失的工资、浪费的工作、工头或指导者消耗的时间等，从工人的不到10美元到管理岗人员的1000美元或更多不等。如果我们假设换工作的平均成本为25美元（这肯定是保守估计），国家每年的损失约为10亿美元。

当然，现在越来越多的人力资源从业者和人力资源专业人士认识到，人员流动会给企业及同事带来直接和间接的成本增加。控制性管理方法的局限性和危害几乎从其形成以来就已经显而易见了。麦克思尼先生和费施先生的贡献性思想表明，我们认识到这些问题已经存在100多年了。尽管如此，控制性和自上而下的管理实践仍然是商业实践的一部分。如今有更多的数据支持这一观点，即人们不喜欢或没有充分参与他们的工作。在我们将注意力转向这些数据之前，我们将探索人们为什么没有个性化定制工作的其他因素。

2 人们为何没有个性化定制工作

如果泰勒主义或控制型领导风格从自上而下的视角解释了工作中的个性化为何受到限制，那么从表面上看，没有什么能阻止员工自己做出小的改变，来个性化定制自己的工作，使其变得更好。但实际上，许多人只是耗尽了积极参与工作的精力或动力。或者更糟的是，他们可能一开始就没有这种兴趣或热情。虽然有许多可能的因素可以解释这一点，但有两个因素似乎特别普遍：习得性无助和从众的欲望。

（1）习得性无助

控制性工作环境的一个潜在后遗症是习得性无助。这一概念的基础来自对动物进行的令人震惊的实验，其中最臭名昭著的是对狗的实验。宾夕法尼亚大学的马丁·塞利格曼（Martin Seligman）和科罗拉多大学的史蒂文·梅尔（Steven Maier）为研究习得性无助进行了实验，他们的首批实验之一很可能会让今天的伦理审批委员会感到震惊。他们的研究表明，在之前的实验中曾遭受无法躲避和预测的电击的狗，在之后的实验中也未能躲过电击，即使有可能躲得过去。

塞利格曼和梅尔的实验分为两个阶段。在第一阶段，狗被分成三组。第一组的狗被绑上挽具（有个好听的名字叫巴甫洛夫式吊带），没有受到任何电击。第二组被带上挽具，受到间歇式电击，并且它们可以用鼻子按面板来停止电击。第三组的狗被隔离，但与第二组的狗配对，并受到与第二组相同强度和时长的电击，但是第三组的狗无法停止或控制电击。

在实验的第二阶段，狗被放在一个盒子里，盒子有两个隔间，隔间之间有一个短的、易于跳跃的隔板。第一个隔间通电，并发出间歇性电击。当被放在通电的隔间里时，第一组和第二组的狗很快会跳到盒子的另一边来避免电击。第三组的狗，也就是那些之前无法控制自己受到电击的狗，没有采取这样的行动。它们只是静静地坐着哀号，直到电击结束。

塞利格曼用"习得性无助"这个词来描述第三组狗。这些狗最初无法逃离或控制环境的经历造就了一种心态，即它们感到无法或不愿意改变或积极改变环境。正如塞利格曼所写（第407页）：

不可控制的事件会严重削弱生物体：他们在面对创伤时会

产生消极情绪，无法认识到反应的有效性，动物会产生情绪压力，而人类可能会抑郁。

虽然我们在工作中不太可能真正受到电击，但根据我与多家公司合作的经验，很多人都表现出了习得性无助。你可能在与你共事过的人当中，已经察觉到有些人觉得无法或不愿意改变他们的处境。这些同事可能不愿意或者没有动力去塑造他们的工作，或者他们会告诉你，根据他们之前的经验，你提出的想法或解决方案是行不通的，是注定会失败的。

我们无法控制的糟糕经历会对我们的动力、理性思考能力和情绪状态产生负面的影响。在经历了一系列糟糕的经历后，人们自然都会停止自己的情感投入，还失去了前进动力。尽管每个人在缓冲负面经历方面的韧性和承受力可能会有所不同，但随着时间的推移，即使是敬业、快乐和勤奋的人，在经历了持续的负面经历后，也会面临倦怠和压力，变得失去希望，或无法积极影响他们的环境。例如，有了新工作的员工可能会尝试发展自己的角色或创新工作方式。如果这些尝试不断受挫，或者更糟糕的是，还受到了同事或高级管理人员的惩罚，他们最终都会停止尝试，失去了任何创新的欲望和动机。

（2）从众的欲望

人类天生渴望从众和合作，这帮助我们这个物种生存、进化和发展。虽然从进化的角度来看，"融入"他人可能是有用的，但在现代工作场所中，这种行为并不总会为我们或企业带来好处。工作中的从众有很多表现方式，包括我们互动的本质、人们表达情绪的方式、决策方式、为同事提供的支持，甚至也包括我们穿的衣服。虽然适度的从众有助于形成社会凝聚力及保持社会和谐，但强迫自己像周围的人一样思考、行动和表现，则会产生许多负面后果。

哈佛商学院的弗朗西丝卡·吉诺（Francesca Gino）教授在为《哈佛商业评论》（*Harvard Business Review*）撰写的一篇题为《让你的员工反抗》（*Let your workers rebel*）的文章中，概述了职场从众现象的普遍程度。吉诺教授对来自不同行业的2000多名美国员工进行的一项调查显示，有一半以上的员工感到是在被迫、被鼓励着去从众。还有类似的数字表明，众多公司的员工从未挑战或质疑过这种文化现状。积极接受多样化想法的公司只占少数。在对1000多名员工进行的另一项研究中，吉诺教授报告说，有不到10%的人认为自己的公司积极接受和鼓励不合规行为。至少从这些调查来看，有许多人觉得他们无法把自己的个性带到工作场所，而是被鼓励带着不同的身份或面具去工作。

人们从众往往是因为他们想融入这个群体（即规范性影响），也因为他们可能最终认为这个群体更有知识或见识。但这也有不利的一面：这种行为可能很快导致"群体思维"，或者导致缺乏创造力和想法的多样性。从外部来看，人们很容易发现这类行为。如果你在一个群体中，打破这些现有的规范通常是很困难的。人类通常认为，挑战社会习俗和行为的潜在损失要比反抗或挑战现状的潜在益处或收益更为重大。

虽然我们赞同共识有很多原因，但这样做也有一定的后果，特别是如果你不完全同意或赞同正在做出的决定或其他人的行为。吉诺教授认为，对于个人而言，从众往往会制造不和谐，它与我们真实的个人偏好发生碰撞和冲突，最终会让我们感到不真实。这解释了为什么做自己认为在道德上不正确的工作，或者任由诸如性别歧视言论等不当行为不受质疑，自己会感觉很糟糕。吉诺与同事的研究发现，与真实情境相比，经历或回忆不真实的情境会持续导致参与者感觉自己不道德和不纯洁，并希望真正地净化自己，采取例如帮助他人或捐钱等更积极的和亲社会的行为。

在组织层面，鼓励从众文化的后果可能是破坏性的。如果企业创造的环境会破坏个人的个性，它就无法从其员工多样化的思维、优势和观点中受益，而这些多样性往往是未开发的。如果不能让人们以个人身份做出贡献，往好了说，会无聊；往坏了说，会导致自满和惰性。在组织层面，它会导致企业停滞，无法创新和发展。

3 我们的工作为何需要个性化

从个人、组织和社会的角度来看，我们有许多理由应该接受异质性，因为异质性让我们成为独一无二的人。下一节将从虽然不同但经常重叠的角度探讨个性化定制的工作方法的八个关键驱动因素，分别是：

- 喜欢和参与程度低；
- 令人担忧的低幸福水平；

- 如今，我们的工作定义了我们；
- 我们不能在工作中做真实的自己；
- 我们在睡眠式工作；
- 我们都是不同的人；
- 目的和意义的缺失；
- 不确定的未来。

（1）喜欢和参与程度低

我们中的许多人，实际上是绝大多数人，都没有参与或并不喜欢自己所做的工作。为了说明这一点，我经常用一张幻灯片开始演讲，而幻灯片上有当天从谷歌搜索栏生成的自动补全建议。我们使用谷歌搜索时，算法会根据之前的搜索来预测我们将要输入的内容。现在在写这篇文章时，我在谷歌输入"我的工作……"，出现的居首位的自动补全建议是：

让我沮丧

很无聊

让我难受

压力太大

太难了

毫无意义

在扼杀我的灵魂

到此结束

毁了我的生活

如果想寻找更多实证数据，可以看看盖洛普报告，它可能是最知名、最常被引用的关于员工工作参与度和满意度的报告。盖洛普《2017年全球工作场所状况报告》（*2017 State of the Global Workplace Report*）涵盖了其在2014年、2015年和2016年在155个国家收集的汇总数据，这些数据显示，全世界只有15%的雇员真正参与其工作。盖洛普对"真正参与"的定义是员工高度参与工作并且充满活力。三分之二的受访者表示，他们没有真正参与工作，对自己的工作或工作场所没有感到归属感。最后，18%的人被盖洛普称为"积极脱离者"，这些人在心理上对他们的公司没有归属感。

欧洲和英国工作场所和技能调查的数据也显示了一个令人不安的趋势，即工作需求增加，而资源在减少。欧洲工作条件调查显示，在2010年至2015年间，称自己在所有或大部分时间需要非常高速工作的人们的比例小幅增加，但又十分显著。英国的技能和就业调查也发现了类似的趋势。技能和就业调查是一项针对个人的、面向全国的代表性调查，收集了英国各地成年劳动者的数据。对该调查进行比较可以发现，自1992年以来，工作强度和工作需求水平不断提高。令人担忧的是，任务自由裁量权却向相反的方向发展，而工作控制权（表现为人们能塑造自己工作的程度）也急剧下降。

阅读本文时，你可能会觉得盖洛普或职场调查的结果，并没有反映出你的参与度或满意度调查分数的结果。但是，不要急着表扬自己。因为管理和组织学者已经表明，虽然人们可能看起来，甚至声称自己积极参与工作，但是现实情况更为微妙而复杂。艾米·阿姆斯特朗博士（Dr. Amy Armstrong）和她的团队在阿什里奇-霍特高管教育公司进行的研究发现，在最初通过内部调查被确定为高度投入的团队中，只有四分之一的团队在实践中对工作充满活力，大力投入，几乎有三分之一（32%）的团队其实是"积极脱离者"，仅14%的团队感到满意。研究发现其余的29%的团队是"伪参与"，这个术语被用来描述那些表面上高度投入，但经过仔细观察后发现其实已经功能失调的团队。

（2）令人担忧的低幸福水平

在英国，有60多万人承受着与工作相关的压力，导致每年约损失1250万个工作日。美国心理学协会2017年出版的《美国压力报告》（*Stress in America*）称，工作是人们三大压力来源之一，其次是金钱和对国家未来的担忧。据估计，工作场所的压力每年给美国医疗保健系统造成的损失高达2000亿美元，每年给雇主造成的员工流失和生产力损失超过3000亿美元。工作场所压力最常见的形式是职业倦怠，世界卫生组织的国际疾病分类将这种情况描述为"极为疲惫的状态"。我们工作场所的健康状况不太可能在短期内得到改善。2019年英国特许人事和发展协会的健康与福祉报告强调，在过去一年里，在英国公司的1078位人力资源专业人士中，近五分之二的人发现员工与压力相关的缺勤情况有所增加。

无法个性化定制或塑造工作可能部分解释了近来报道的幸福感和健康水平下降的原因。我们控制工作的能力直接影响我们的身心健康。一项针对全欧洲医院员工的横断面研究发现，在西欧，工作自主性与身心健康之间呈正相关。更令人震惊的是，杰弗里·普费弗（Jeffrey Pfeffer）教授在他的著作《为薪水而死》（*Dying for a Paycheck*）中强调了印第安纳大学的一项纵向研究，该研究发现，相比一般情况，工作要求高但工作控制水平低的人的死亡率要高出15.4%。

（3）如今，我们的工作定义了我们

我们的身份认同和自我价值从来没有像现在这样与工作紧密相连。工作已经不仅仅是我们必须要做的事情，更是变成了定义我们每个人的事情。你可以想想你去的上一个聚会或活动。没过多长时间，你肯定就会问别人，或者肯定有人问你，"你是做什么的"。这个问题让我们有话可说，也让我们可以了解别人。

2015年，尤格夫调查公司（YouGov）为招聘与就业联合会所做的一项调查就证明了工作的重要性。在这项调查中，英国公众获得了一份人们通常必须做出的10项人生决策清单，并要选择自己认为"重要"的选项。人们最普遍的回答是"做什么样的工作"，超过四分之三的人（77%）认为这是一生中最重要的决定。与受访者被问到的其他重要决定，如"什么时候组建家庭"（73%）、"住在哪里"（64%）、"是否结婚（或建立合法伴侣关系）"（57%）和"与谁做朋友"（37%）相比，工作显然更加重要。

（4）我们不能在工作中做真实的自己

从萨特到苏格拉底，这些作家和哲学家们都认识到，作为人类，我们需要向他人展示真实的自我，然而这种自我表现的形式在工作中很少，甚至根本没有得到鼓励或支持。尽管不断有令人信服的研究表明，如果人们能够挖掘和利用自己的优势，并在工作中充分表达自己，那么他们对工作会更加投入，工作表现也会更好。

组织行为学教授丹·凯布尔（Dan Cable）在他的著作《活在工作中》（*Alive at Work*）中概述道，"作为人类，寻找能够激励我们的活动，使我们能够探索自己的个人优势，并寻找促进个人成长的机会，是我们生物学的一部分"。正如凯布尔教授向我解释的那样："我们发自内心地想要拥有一个独特的身份，发挥我们独特的潜力。如果我们能够做到这一点，它会创造并维持热情和能量，点亮我们的生活。"商界领袖应该关注这一点，因为正如凯布尔教授所言，"这种能量和创造力将重新投入到我们的工作中"。

对大脑的研究发现，当神经科学家所说的"寻求系统"受到刺激时，我们会得到一定剂量的多巴胺，这是一种与动机和快乐有关的神经递质。开启的寻求系统让我们感觉更有动力、更有目的，让我们感觉自己还活着。不幸的是，对我们许多人来说，我们在工作时缺乏玩乐、实验、探索和学习的机会，这导致我们大脑中的这些系统呈关闭状态。

凯布尔教授认为，让人们能够个性化定制自己的工作体验，有助于打开其大脑的寻求系统，并且可以鼓励世界各地工作场所的人们意识到自己未开发的潜力。他解释说：

让人们自主调整自己的工作，会以不同寻常的方式为现有工作人员带来活力，这证明了他们对工作的投入是非同凡响的。他们会有完全不同的热情、活力、创造力和好奇心，还会深刻地感受到，"这份工作能让我成为最好的自己"。

无法在工作中使用和发挥我们独特的才能和优势，是人们常常无法全身心地投入工作的另一个原因。在《哈佛商业评论》的一篇文章中，盖洛普研究所的布兰登·里戈尼（Brandon Rigoni）和吉姆·阿斯普伦德（Jim Asplund）强调，发挥优势和工作表现之间有很强的相关性。他们的调查样本来自45个国家7个行业22个组织的49495个业务部门，共含120万名员工。研究表明，每天能发挥自己个人优势的时长与自称"精力充沛""学习有趣的东西""快乐"和"经常微笑和大笑"的人呈正相关。此外，那些每天发挥自己优势的人，声称自己生活质量很好的可能性是其他人的3倍多，工作投入的可能性是其他人的6倍多。

（5）我们在睡觉式工作

我们以自动驾驶模式度过了大量的工作时间，但我们并没有意识到这一点。我们以睡眠式工作的方式完成一个个的任务。我们中的许多人会走进办公室，打开电脑，在不知不觉中发现自己正在浏览一大堆电子邮件。我们通常很少思考那天要如何度过或想要达到什么目标。当我们在睡觉式工作时，感觉一整天好像都由别人控制着。

为什么要用自动驾驶模式？理由很充分。成年人平均每天要做大约3.5万个决定。我们的大脑已经进化出无意识的决策过程，使我们能够用很少的脑力或精力，做出基本决定和执行日常任务和活动。这个机制是为了保护我们免于精神超负荷。但正如我们的许多神经进化一样，这也会有意想不到的后果。虽然无意识的决策能力可能会保护我们免于超负荷工作，但它们也有可能把我们从正在做的事情中剥离出来。

诺贝尔奖得主、行为经济学家丹尼尔·卡内曼（Daniel Kahneman）教授就我们如何处理身边的信息提供了一些见解。在其著作《思考，快与慢》（*Thinking, Fast and Slow*）中，他描述了两种不同的思考系统：系统1和系统2。系统1是我们的自动驾驶仪，思考主要发生在大脑中的杏仁体和其他在进化早期就已形成的部位。我们使用系统1的思维是自动的、快速的和无意识的；它发生时我们并不知道。尽管它高效节能，非常适合用最少的信息快速做出决策的情境，但它并不总是像我们希望的那样有效，并且容易出现偏差和错误。

相比之下，系统2的思维是缓慢的、深思熟虑的和有意识的，需要我们有意地投入注意力和精力才会发生。它通常更有条理和批判性，因此比系统1思维更加可靠。当我们着手更加理性复杂、逻辑性强的任务时，系统2的思维就会派上用场。系统2的理性认知过程主要发生在前额叶皮层和我们大脑中最近进化的部分。

我们90%以上的时间都花在系统1的思考上。卡内曼的研究表明，虽然我们倾向于认为自己是理性的人，会做出明确的决定，但我们的大部分思考是自动地、潜意识地完成的。

既然如此，我们白天睡觉式工作、处于自动驾驶状态又有什么关系呢？当然，在我们工作的某些方面，自动驾驶模式能很好地为我们服务：在办公室里走动、使用应用软件和执行日常任务。但对于那些需要批判性思考、创造力和分析能力的岗位来说，自动驾驶式工作毫无用处。因为我们的思维确实懒惰，并容易产生偏见和错误。

为了创造一个更具个性化的工作方法，个人需要以更加谨慎的方式来执行任务、承担责任。定制化的工作需要人们创造时间、空间和精力来思考他们的工作，从而使之符合实际。这样，人们就更有可能发现工作中那些可能没有帮助，且可以改变的常规和习惯。

（6）我们都是不同的人

我们的大脑中有超过300万亿个神经联结，实际数量也许更多。神经科学家正在展示这些联结是如何不断形成和演变的。任何两个人都不可能以完全相同的方式看待和处理这个世界。

通常情况下，管理者并不认可我们的多样性，因而也就没有充分利用我们的多样性。最坏的情况是，管理者忽视甚至扼杀我们的个体差异。其他心怀更好意图的人，可能会试图以他们自己希望被对待的方式与人们交往。尽管父母可能教给我们这种待人之道，但这也许不是最好的建议。我们基于自己的价值观和经历，对人们的偏好做出假设，这种行为并不能说明与我们交往的那个人如何。我们都是不一样的人，你喜欢某样东西并不意味着别人会喜欢。例如，有些人可能喜欢尽可能公开地接受大声的表扬，而其他人则认为没有什么比成为关注的焦点更糟糕的了。对这些人来说，一封礼貌的感谢电子邮件或便条可能更有价值，更受赞赏。

为了了解自己支持的人，积极的领导者和管理者会问一些问题。他们不做假设，也不把自己的观点强加给别人。开放式、辅导式问题有助于理解同事的偏好和首选的工作方式。同样，组织内的公平并不意味着每个人都被同等对待并得到同等待遇。相反，我们应该探索个人的偏好和需求，并努力满足它们。我们应该追求的是方法的一致性，而不是对表面的公平公正的顽固追求。

（7）目的和意义的缺失

到2020年，千禧一代（出生于1981年至1996年之间的人）预计占全球劳动力的35%，到2025年，他们将成为英国劳动力的主要组成部分。他们现在是并将继续是劳动人口的重要组成部分。千禧一代的构成、心态和工作动机已经受到了许多报告和研究的关注。

据报道，对于千禧一代来说，始终都最重要的工作因素有：

- 有意义和更崇高的目标；
- 促进个人成长和发展；
- 挖掘个人的优势和激情。

虽然千禧一代认为这些因素对他们来说很重要，但可以说，更"以人为本"的工作方式是所有人都珍视的东西，无论年龄或代际。为了满足员工的明确需求和期望，许多组织将不得不改变其工作设计方法。更个性化的工作方式认可、发展员工的个人才能和兴趣，因此很可能会吸引千禧一代。

脸书（Facebook，现已更名为Meta）的研究也表明了在工作中拥有意义和目标的重要性。脸书的人力资源和人才成长团队，与人员分析团队合作进行分析，以了解为什么一些人离开脸书，而其他人留了下来：他们对结果感到惊讶。

脸书发现，与员工和经理或别的同事的关系相比，满足员工的个性化需求能更好地预测员工的留任情况。人们离开不是因为糟糕的老板，而是因为糟糕的工作。脸书的数据分析团队进一步收集和分析了相关信息。他们发现，和离开公司的人相比，留在公司的人更有可能表示自己工作得很愉快，可以发挥优势，并有机会积极成长和进步。具体来说，与离开公司的人相比，留下的员工觉得工作的愉快度高31%，发挥自己优势的机会多33%，对能在公司不断积累对自己职业生涯至关重要的技能和经验的信心高37%。许多离开脸书的人似乎发现，他们的工作缺少个性化、目标和意义。针对这些调查结果，人力资源和人才成长团队因而更加关注员工的个人热情和兴趣，鼓励他们想方设法地塑造个性化的工作。

（8）不确定的未来

在2018年达沃斯世界经济论坛上，加拿大总统贾斯廷·特鲁多（Justin Trudeau）就未来全球经济挑战发表了演讲，其演讲的核心是必须适应变化并积极应对变化。在对论坛发表的公开讲话中，特鲁多雄辩地描述了企业、领导人、政策制定者和政治家所面临的挑战。他说：

> 变化的速度从未如此之快，而今后也将更快。

为了驾驭变革的浪潮，与之并驾齐驱，而不是被其卷走，世界各地的商业领袖将越来越需要制定战略，以应对变革与创新带来的挑战和机遇。这将包括确保人们拥有适当的技能和专业知识，可以高效、愉快地开展工作。

在研究人员、顾问和未来学家玩的预测未来工作趋势的水晶球游戏中，关于技术进步最终将对我们的工作方式产生什么样的影响以及未来将需要哪些工作岗位，还存在着巨大的争论。人们对未来的预测可谓五花八门，既有带着凯恩斯主义色彩的对自动化驱动带来的大范围破坏和失业以及"失业未来"的描述，也有对经济增长和人机工作发展更为乐观的看法。这种混合式的"超级工作"将包含专注于执行业务性、例行性工作的人工智能元素，从而为协作、联系和创造力等更复杂、非标准化的"人"的元素带来更多机会。

同样，企业在未来需要发展、提升和保持的核心技能也都是与"人"相关的。新经济和社会中心的《2018年就业前景报告》（*The Future of Jobs Report 2018*）强调了"人"的技能在未来工作中的重要性，特别是其创造力、独创性和主动性。同样，批判性思维、说服力和谈判力，以及对细节的关注、应变能力、灵活性和解决复杂问题的能力等品质的重要性都有望继续保持或提高。人们对情商、影响力和以服务为导向等的需求也有望出现增长。

虽然很多对未来工作的预测彼此截然不同，但它们一致地认为如今的工作结构将来会发生重大变化和转变。这将需要改变个人的工作角色，并为人们提供学习新技能和新工作方式的机会。传统的反应式、自上而下和控制型管理方式可能不够灵活，难以跟上将来的创新、持续改进和变革。培养员工的创造力和责任感、灵活性高且适应性强的工作方式更有可能提供可持续的竞争优势。正如本书的证据表明，个性化、个人的和"以人为本"的方法更有可能创造上述行为和结果。

4　结论

最好的企业和最好的管理者在思考时都会以人为中心。他们寻找有才华的人，并以人为本创造工作岗位。然而，领导者往往不太清楚是什么给了员工能量，让他们在工作中真正感到有活力，而员工通常也没有意识到自己的热情和优先事项，或者没有机会充分利用自己的优势。我们在限制而不是释放员工的才能和潜力。因此，我们过时的组织设计和管理方法正在消耗工作场所的生命力和能量。

正如气候变化否认者拒绝承认无可辩驳的事实证据一样，企业的工作设计方法正在伤害员工，并最终会损害企业利益，但许多领导者却拒绝承认这一科学事实。企业员工脱离工作、健康不佳及缺乏创新和生产力，就相当于格陵兰和南极融化的冰盖。但我们可以改变这一点，我们可以赶上正在到处发生的个性化革命，创造出放大而不是忽视我们才能和优势的工作。"以人为本"的方法能让人们真正参与工作并充满活力，能够为员工提供意义、成长和发展，这种方法将比以往任何时候都更加重要。

那么，我们如何个性化定制我们的工作呢？答案在于工作塑造。我们将在接下来的章节中继续探索这一概念。工作塑造是一种让个人和团队能够围绕自己的激情、优势和兴趣积极塑造和定制工作的方法。它邀请、支持和鼓励人们每天工作时成为不同的、完整的和最好的自己。与人一样，工作塑造有各种不同的形状和大小。

要点

- 科学管理侧重于仔细识别和控制工作方式的组成部分。
- 许多领导人继续采用以控制和合规为中心的领导风格，这可以追溯到20世纪科学管理理论的提出。
- 人们可能不愿意个性化定制自己的工作，因为他们有习得性无助及从众、保持现状的愿望。
- 目前，大多数工作场所的工作设计和交付方式没有充分利用我们个人的才能、优势和激情。

关键问题

- 你在工作场所感受到泰勒主义和科学管理的传统了吗？
- 你公司中的人在多大程度上感到有能力、受鼓励去创新并挑战从众行为？
- 在我们需要个性化工作的八个不同原因中，你认为哪一个是最重要的？

第三章 工作塑造介绍

1 塑造个性化的工作方式

工作塑造使人们能够主动地个性化定制他们的工作方式。大多数人都没有意识到自己之前曾塑造过自己的工作。他们会掌控自己的工作，会根据个人职业技能、兴趣和需求，以微妙的方式调整工作的各个方面，并深知这样做带来的满足感、控制感、乐趣和信心。

我第一次向别人介绍工作塑造这一概念时，会给他们看我从一家流行男装连锁店拍的一张照片，这家连锁店专门经营西装、衬衫、鞋子和夹克。有一天我正在逛街，突然发现其中一套西装的袖口上有一枚徽章。就在一位勤奋的保安找我搭话之前，我拍了一张徽章的照片，也就是我经常在演讲中分享的一张照片。徽章上写着"量身定制，让我更适合你"，是在宣传该西装的半定制服务。客户购买的是标准西装，虽然无法更改西装的颜色和风格等核心元素，但是他们可以根据自己的尺寸和规格，个性化定制最终适合自己的西装。

工作塑造是一种半定制的工作方式。工作的基本设计和结构已经建立，但最终合适的岗位职责和工作的开展方式都经过精心塑造，以反映每个员工的优势、激情和需求。工作塑造的好处在于，它能让人们把工作与个人需求、动机和条件更好地匹配起来。正如人们穿着适合自己风格和体形的服装，会感到更加舒适和自信，塑造工作的员工也会感觉更满意、更有活力，对工作更投入，其工作表现也会更好。

本章将介绍工作塑造的概念，并从研究角度出发，结合当代的工作设计理论和实践探索其起源。

2 工作塑造介绍

2014年秋天，谷歌发起了一项为期一天、云集了175名思想家的活动，与会者包括世界领先的学者和行为科学家、研究人员、顾问、首席人事官和管理者，来重新设想工作和工作场所。该活动名为"重新工作"，旨在合作探索雇主和雇员如何在工作中创造意义，如何使工作变得更好，以及如何改变工作本身的性质。

耶鲁大学管理学院的组织行为学教授艾米·沃兹涅夫斯基（Amy Wrzesniewski）是此次活动的特邀演讲者之一。沃兹涅夫斯基教授做了一个关于工作设计的演讲，并描述了她和同事简·达顿（Jane Dutton）和杰莱·德贝比（Gelaye Debebe）是如何发现这种工作方法的。他们一起研究了一所大学医院清洁工的工作，具体来说，他们研究的是这些人如何在他们的工作中找到意义、他们如何体验工作、他们喜欢什么，以及他们觉得工作中缺少什么。其研究结果让研究人员们感到惊讶，并激发了进一步的研究，最终他们发现了一种全新的工作设计方法。

作为最初研究的一部分，研究人员采访了清洁工对其所做工作的个人看法和观点。奇怪的是，他们发现清洁工可大致分为两组。第一组以我们可能期望的方式描述了他们的工作，他们觉得这份工作技术性不强，也不令人满意，认为自己工作的主要动机是赚钱。他们只为工资而工作，不为别的。当这组人被问及他们工作中涉及的任务和活动时，他们描述了清洁工一般都会从事的基本体力活动：拖地、打扫、消毒。

第二组对自己工作的描述则完全不同。他们喜欢自己的工作，认为它深有意义，技术性也很高。当研究人员与第二组一起探讨其核心任务和关键关系时，他们用截然不同的术语描述了这项工作。事实上，听了他们的话，你可能会误以为他们在做完全不同的工作。第二组清洁工表示，自己的工作包括关注哪些病人看起来不开心，以便他们可以在轮班的时候回来看病人，给他们说话甚至是哭泣的机会。这些清洁工说，他们会积极寻找机会帮助其他人，比如护送患者家属穿过迷宫般的走廊，回到停车场的汽车里，这样可以确保病人不必担心家人能否安全返回。其中，一位负责昏迷患者所在区域的清洁工，描述了他们如何定期移动挂在病人墙上的照片，为病人提供一个更有刺激性的环境。当研究人员进一步询问这是不是她预期职责的一部分时，她回答说，"这不是我工作的一部分，但我就想那么做"。另一位来自对工作更投入的第二小组的清洁工描述了她作为医院大使的角色。另一些人使用"治愈者"这个词，是因为他们创造了一个干净、无菌的空间，让病人可以获得治愈。

沃兹涅夫斯基教授与同事简·达顿合作，继续研究和调查两组之间的差异。他们发现，两组员工对自己工作的评价和喜欢度的不同，并不是因为管理者设计工作的不同，而是因为一些清洁工主动塑造和改变了自己的工作。其差别不在于自上而下和管理层主导；情况正好相反，其实是自下而上和员工主导的。他们考虑了用许多不同的词语来描述这种行为，包括工作建造，但最终还是选择了工作塑造。

沃兹涅夫斯基教授与达顿教授和助理教授贾斯汀·伯格（Justin Berg）一起，将工作塑造正式定义为：

> 员工自下而上重新设计自己工作的方法，有助于提高他们的工作投入度、工作满意度、应变能力和发展能力。

工作塑造包括人们个性化定制自己的工作方式和工作成果。这不是人们对自己所做工作有不同想法的一种思维上的把戏；它会从根本上积极改变人们的工作方式、与他人的连接方式，以及从工作中获得的价值和乐趣。

3   工作塑造与工作设计

工作塑造与许多工作重新设计方法不同，后者传统上是自上而下和管理者主导的过程，没有或很少有来自雇员的输入。更传统的工作设计过程通常是静态的，几乎没有任何灵活性和机动性。相比之下，工作塑造是个人在没有管理者要求的情况下，自己有目的地、主动地个性化定制自己的工作的行为（图3.1）。工作塑造是动态的，是基于员工的需求、动机和偏好的，可以帮助员工应对其面临的挑战和机遇。正如我们将在第九章中更详细地探讨的那样，工作塑造和自下而上的工作设计方法可以在整个组织中加入个性化的人员体验。

图 3.1　工作塑造、工作设计和工作配置

4　工作塑造概述

　　对于人力资源部门和人事主管来说，我发现探索工作塑造的三种不同要素是很有用的。具体可见图3.2中的不同分层，中心层是工作塑造对个人和企业的三大核心好处，外一层描绘了工作塑造的五种不同类型，最外层列出了可以促进工作塑造的一些关键问题。

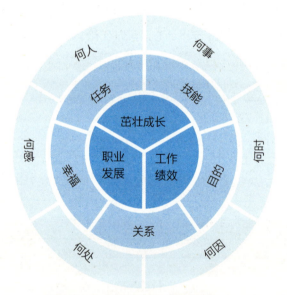

图 3.2　工作塑造的三种不同要素

　　你可以把这三种要素看作工作塑造的原因、内容和方式。原因与目的、价值相关，内容指的是工作塑造的组成部分，方式则提供了促进工作塑造的提示。

（1）第一层——工作塑造为什么至关重要？

从个人、团队和组织的角度来看，工作塑造的好处可以分为三类——茁壮成长、职业发展和工作绩效。这些内容将在第四章中详细探讨，但下面先给出了这些因素的概要。

茁壮成长

工作塑造能让人们在工作中茁壮成长。它有助于提升人的快乐感、意义感和整体幸福感，并降低倦怠、因病缺勤、离职和压力水平。对于组织而言，工作塑造对员工的工作投入、工作满意度和工作保留情况有积极的影响。

职业发展

工作塑造支撑并促进个人成长和发展。具体来说，它有助于培养人们发展技能和获得知识的能力，并与各种与职业发展和流动性相关的衡量指标密切相关。

工作绩效

工作塑造与各种各样的绩效收益有着积极的联系，其中包括产出的质量和数量的有形衡量标准、经理给出的绩效评级、自我评估和同行评估，以及更高水平的创新力和创造力。

（2）第二层——工作塑造有哪些不同类型？

工作塑造有不同的类型。在研究和实践的基础上，我提出了五种核心的工作塑造形式，希望管理者在寻求塑造工作、个性化定制工作方式时注意到这五种形式。其中包括艾米·沃兹涅夫斯基教授和简·达顿在2001年提出的关于工作塑造的三种类型（任务塑造、关系塑造和认知塑造）。

任务塑造

任务塑造是指明显改变工作的物理特性。例如，添加、删除或重新设计活动，或者重新分配花费在不同任务上的时间，以及执行这些任务的顺序。

关系塑造

关系塑造包括改变关键的社会属性、现有的关系和互动。关系塑造的一个例子是老员工通过自愿带新员工参观办公室来增加新员工与同事的社交互动。

目的塑造

目的塑造使员工能够反思、改变和转变他们对工作的意义和价值的看法。鉴于它指的是人们对自己工作看法的改变，因此也被称为认知塑造。例如，处理公司账户的银行工作人员可能会通过认识到自己在为更广泛的地方和国家经济提供至关重要的服务，而在认知上重新塑造自己的角色。而客户投诉处理者则可以有认知地或有目的地塑造自己角色的意义，即改善客户的生活。通过这样做，他们调整并改变了对自己角色目的的看法。

技能塑造

技能塑造指的是改变技能和知识，或者在工作中寻求学习机会以促进个人发展。这包括发展更广泛的能力、探索新的技能，以及专攻特定领域的知识。技能塑造的例子包括学习新软件、技术知识或者志愿参加拓展项目。

幸福塑造

幸福塑造包括积极塑造工作方式，以提高个人的整体健康和幸福水平。专注于幸福感的工作塑造活动是指寻找途径让自己在工作中变得更积极、更有活力、更专注、更投入。比如，可以举行步行会议，或者每天出去走走。

尽管工作塑造的要素彼此独立，但工作塑造活动通常包含许多不同的要素。比如，和朋友或同事在办公室外面约个时间吃个午餐，其中就包括关系塑造（建立联系）和幸福塑造（外出和充电）。同样，参加一个关于展示技能的培训课程，并因此改变你在会议上的展示方式，也是技能塑造（巩固或培养技能）和任务塑造（改变你在工作中各个方面的表现方式）的一个例子。第五章将更详细地描述这些不同的工作塑造类型。

（3）第三层——如何塑造工作？

工作塑造需要人们好奇自己的工作是如何完成的，以及工作如何与个人的优势、激情和兴趣相吻合。员工们在工作时有90%到100%的时间都没有考虑他们是如何工作的。以下六个问题鼓励个人对自己的工作方式进行反思，并帮助员工找到略微进行转变和改变的机会：

- 在你的工作过程中，你与何人互动和联系？（何人）
- 你的工作涉及什么不同的任务和活动？（何事）
- 你的工作为何存在？它的目的是什么？（何因）
- 你何时会处理工作的不同部分？有机会做出改变吗？（何时）
- 你在工作时感觉良好吗？通过你的工作方式和方法，你会增加你的幸福感吗？（何感）
- 你在何处工作？在不同的地方做你的工作会有什么可能性或好处吗？（何处）

第六章将更详细地讨论这些问题，也将探讨如何鼓励自己和他人来塑造工作。

（4）工作塑造的大小和规模

工作塑造的构成和性质会根据塑造人的需求和兴趣，以及环境因素而变化。例如，他们工作的需求和压力以及公司鼓励工作塑造和创新的程度。

在最极端的情况下，人们可以通过工作塑造来创造和发展全新的工作岗位。我经常与大家分享的一个例子是一所大型大学房地产团队的领导。在获得可持续发展硕士学位后，她发现了一系列推动校园可持续发展的机会。随着时间的推移，她所做的工作得到了大学更多的重视和认可。随后，该大学设立了一个新的可持续发展负责人的岗位，她通过竞争申请并获得任命。另一个例子是在法律团队中工作的营销助理。出于对社交媒体和沟通的兴趣，她开始积极拓展公司的网络业务，随着时间的推移，这一业务逐渐发展为专注于外部和社交营销的全职职位。

实际上，工作塑造很少涉及职位的彻底改变或转型。大多数的工作塑造都是小规模的、反复的，有时甚至是零星的。机会出现时，人们会发现并抓住机会，从而巧妙地改变他们正在做的工作。为了更好地理解人们所做的工作塑造的本质，我与墨尔本大学的加文·斯莱姆普（Gavin Slemp）博士合作，分析了我从一系列工作塑造工作坊上收集的例子。在2018年欧洲积极心理学会议上，我们分享了对63项不同的工作塑造的研究结果。研究发现，77%的工作塑造估计每天花的时间不到12分钟，每周花的时间不到一个小时，21%的工作塑造估计每周花的时间超过一个小时，但每天不到一个小时，只有2%估计每周花的时间超过一天。我们的分析还表明，大多数工作塑造的例子并没有从根本上改变工作的需求或负荷。总体而言，58%的工作塑造实例在对总体工作负荷的影响方面是中性的，38%涉及工作需求的增加，4%涉及工作需求的减少。

我经常把这些发现告诉那些担心积极鼓励工作塑造会产生潜在破坏的领导者。这项研究的一个核心观点得到了后续研究的支持，那就是人们通常会通过工作塑造来对工作做出细微的改变，这些变化不会显著改变一份工作的需求、挑战或足迹，但这并不意味着这些改变对工作塑造者本身的影响也很小。以我的经验来看，工作塑造的规模与其益处或影响并不成比例。正如我们将探讨的那样，小的改变可以对员工参与、快乐及其工作表现产生巨大的影响。

（5）衡量工作塑造

如果你对自己目前的工作塑造程度感到好奇，那么你可以通过自我反省来获得答案。下面的专栏包含了一系列我经常在工作塑造方面使用的语句。这些可以让人们快速了解他们目前的塑造水平和他们可能从事的工作塑造类型。

你的工作塑造程度是多少？

要想知道你在多大程度上塑造了你的工作，读一读每个句子，想想你以所描述的方式做事的频率。不必思考太久。你可以选择参考某个工作的时间段来决定你的答案，但是想想你上个月的工作情况可能会有所帮助。

问题1：我改变我的任务，使它们更具挑战性。（任务塑造）

问题2：我通过改变任务的结构或顺序来增加任务的复杂

性。（任务塑造）

问题3：我努力更好地了解工作中的其他人。（关系塑造）

问题4：我尽量花更多时间与工作中各种各样的人共处。（关系塑造）

问题5：我思考我的工作作为一个整体对社会做出贡献的方式。（目的塑造）

问题6：我试图把我的工作看作一个整体，而不是一个个单独的任务。（目的塑造）

问题7：我试图在工作中学习超出我核心技能的新东西。（技能塑造）

问题8：我积极探索新技能来完成我的全部工作。（技能塑造）

问题9：我反思工作对我整体的健康和幸福所起到的作用。（幸福塑造）

问题10：我积极改变我的工作方式，以增进我的健康和幸福。（幸福塑造）

以上陈述都来自经过验证的工作塑造量表，我建议任何对更全面、更正式地评估工作塑造水平感兴趣的人进一步考虑这些问题。

这些陈述没有正确或错误的答案，工作塑造水平也没有好坏之分，每个人都不一样。提出这些问题的目的，尤其是当我在工作坊上使用它们时，是鼓励人们开始考虑他们目前在多大程度上塑造和个性化定制他们的工作。你可能会发现，你的工作塑造不同类型的占比多少并不一样。例如，你可能会主动尝试改变你的任务和活动（任务塑造），但很少主动思考你工作的目的或意义（目的塑造）。这可能与你自己的动机和你工作中的机会有关系。

对于那些询问自己应该从事哪种类型工作塑造的人，我的建议是从小处着手，以他们认为最有趣的方式进行实验和塑造。或许有悖常理的是，我从来没有规定人们要专注于自己目前不擅长的领域。实际上，如果被问到这个问题，我通常会反其道而行之，建议人们多探索一些自然发生的活动。我采取这种方法主要有两个原因。首先，工作塑造的核心是人们积极主动地以自己认为有价值的方式塑造他们的工作。命令或告知人们应该做什么样的工作塑造会剥夺他们的一些控制权和自主权。其次，通过采用基于优势的方法并利用现有的才能和兴趣，人们更有可能被激励、参与并最终成功实现自己的工作塑造目标。这反过来又会让工作塑造更有可能成为一种令人愉快、收获颇丰的实践，在其工作方式上培养持续的习惯，带来积极的变化。

5 人们为什么要塑造自己的工作

许多人发现，他们凭直觉就能完成工作塑造的各个方面。他们很自然地希望以满足其个人需要和偏好的方式塑造其工作。当我思考个人工作塑造的驱动因素时，我发现考虑五个理由会带来帮助，这些理由是从我对工作塑造者的个人访谈和该领域的现有研究中得来的。工作塑造的驱动因素和我们在第二章中探索的更广泛的个性化动机之间存在一些共性和重叠。

人们塑造工作的五个关键原因是：控制感、自我表达、联系、健康与幸福、意义。

（1）控制感

员工有意塑造自己的工作，以获得对其工作的所有或部分方面更大的控制感，从而放大积极的方面，减少消极的方面。学者们认为，缺乏控制感是压力和焦虑的常见来源，因此，运用工作塑造来增强控制感可以提高幸福感。

在我的工作坊中，不同级别、资历的人经常会谈论对自己的工作缺乏控制感——感觉自己在工作中随波逐流，而无法积极塑造工作。

案例 _____

掌控一天

一家大型咨询公司的财务经理利用工作塑造为自己的工作重新注入了一些掌控感。她向我解释说，虽然从表面上看，她在工作方式上有很大的自主权，但实际上，她的一天是由他人的需求和要求决定的。她每天都要开会，还面临着源源不断的交流，其中大部分都需要她的关注和签名。因此，她经常只是在一天结束、自己身心疲惫的时候，才能去做她想专注的工作。她把工作塑造视为一个尝试安排自己一天工作的机会。她给自己设定的工作塑造目标是在每天上班的前30分钟到60分钟创造一定的空间，让自己有时间进行规划，进行更深入、更具创造性的思考，并专注于任何需要精力、注意力和专注的工作。为此，她在上午10点前屏蔽了所有会议请求，并试图在此之前不查看她的电子邮件。后来，她在一次后续会议上跟我说，她发现以这种方式开始一天真的很有益。她发现自己的工作效率和成就感提高了，她对自己的工作有了更大的掌控感。

（2）自我表达

人们塑造自己的工作，可以让自己更完整、更充分地投入正在做的工作中。它使人们能够摘下工作时可能戴着或藏在背后的面具。一个通过工作来表达自己的著名例子是美国西南航空公司的空乘大卫·福尔摩斯（David Holmes），大卫被称为西南航空公司的"节奏大使"，因为一旦乘客就座，他就开始说唱起飞前的安全公告。在接受美国有线电视新闻网的采访时，大卫说他这样做是因为这给他带来了快乐，他喜欢给工作带来乐趣。虽然不是每个人都想把说唱作为一种在工作中自我表达的方式，但人们经常会发现，工作塑造提供了一个在自己和他人的眼中来展现积极的自我意识的机会。

案例

表示感谢

一家金融服务机构的项目经理给自己设定了一个工作塑造目标，即每周至少向团队成员发送一封感谢信。他向我解释说，他设定这个目标是因为他想成为一个积极支持团队的领导者。通过养成这种更常规的表达谢意的习惯，他找到了另一种认可同事和团队成员努力的机制。他的工作塑造目标的一个直接结果是，他的许多同事都说，他们非常重视他送给他们的个人感谢信。此外，还出现了一些意想不到的结果。首先，他发现同事之间开始更多地互相感谢对方；其次，他发现向别人致谢让他心情愉悦，这让他在工作中感到更快乐。

（3）联系

培养和加强与他人的联系是工作塑造的第三个驱动因素。人类是社会性动物，我们努力寻找与他人联系和积极互动的机会。人与人之间的高质量的积极的联系会增强人的生理功能（更强的心血管、免疫和神经内分泌系统），协作能力和参与兴趣。经常处在另一个极端，不良的、消极的或虐待性的关系中，这会损害我们的健康和工作能力。工作塑造为人们赋能，并鼓励人们塑造和改变与他人互动的性质和内容，以增强联系的积极好处，同时提供机会来减少或重新构建并非最佳的关系。

工作塑造满足了我们对联系感、关联性，以及相互关心他人的需求。因此，人们经常设定工作塑造目标来建立和培养关系。

案例 _____

与同事建立联系

一家咨询公司的营销经理最近刚刚休完产假回来。在她休假期间，和她一起工作的团队发生了变化，她并不认识新团队中的很多人。她发现，对她而言，无论是作为营销经理专业地完成自己的工作，还是营造她个人对团体的归属感，与他人建立积极的关系至关重要。在去过一次工作塑造工作坊之后，她给自己设定了一个"秘密"目标，那就是在一个月的时间里每天都从她的一个同事身上发现一些新的东西。这培养了她与团队成员的联系感，并有助于她与认识的人和不认识的人建立关系。她也觉得这很有意思。

（4）健康与幸福

工作创造能让人们创造条件，积极影响自己的健康和工作动机。在工作塑造工作坊中，有很多参与者都表示希望创造更多机会来休整身体，平衡工作需求。

案例 _____

将健康习惯带到工作中

我最近给一群理疗师提供了培训，其中许多人表示，希望在工作中创造更多有益健康的机会。他们的日常工作很忙，经常是一个接着一个的预约和患者的电话。他们表示自己通常很少有时间写笔记，更不用说有机会喘口气或休息了。他们做的一些小型工作塑造实验包括：努力午休，每天在大楼外面散散步，把除蛋糕之外的健康零食带到办公室来帮助保持精力，以及在离开办公室去接诊患者时练习带着正念行走。

（5）意义

正如我们在第二章中所强调的，人们越来越多地希望自己的工作有意义。从根本上讲，人们希望自己花费在工作中的精力和努力有益处、有价值。对大多数人来说，意义是指对其他职位的人产生积极影响。

案例 _____

有意义的照片

在澳大利亚的一个工作坊上，一位大学剧院经理向我解释了为什么她工作的意义使她渴望目的塑造。她解释说，当她累了或者在做一些更费力和管理方面的工作时，她就会看看办公室墙上的照片，这些照片是她在过去的演出中拍摄的。照片上是学生们在一场戏结束、幕布落下后，相互击掌、跳来跳去的情形。剧院经理解释说，为学生创造玩耍、跳舞、感受快乐和成就的机会是她工作的核心。她觉得这些照片捕捉到了所有这些元素，是她灵感的源泉。

6　工作塑造是一种时尚吗

2018年，我在英国特许人事和发展协会的一个地区会议上发表演讲。我的讲座在下午进行，而罗伯·布里纳（Rob Briner）在上午做了一个充满激情的主题演讲。罗伯是伦敦大学玛丽皇后学院的组织心理学教授，也是循证管理中心的创始成员，并定期就循证实践和人力资源发表主旨演讲。凭借出色的工作表现，他被《人力资源杂志》（*HR Magazine*）评为2018年最具影响力的人力资源思想家。罗伯就组织尤其是人力资源部门循证实践的必要性做了精彩的演讲。演讲快结束时，他把注意力集中在管理时尚上。当他分享一些管理学者关于如何区分管理时尚和管理经典的想法时，我的心情变得沉重起来。从表面上看，他分享的许多要素都适用于工作塑造，也是我当天下午要做的演讲的报告特点。

就如何发现可能的时尚趋势，罗伯列出的清单包括：

- 这个概念既时髦又令人兴奋，它自称是一个全新的概念，但实际上是在重复利用现有的想法；

- 有大量的说法并没有高质量的证据支持；

- 这个概念与管理大师和学术超级明星有关；

- 这个概念很好，似乎没有任何负面影响；

- 它是一种灵丹妙药——这一理念适用于任何地方，适用于任何情况，也适用于所有人；

- 这个概念成功的证据来自无法证实的轶事和成功故事（通常是大型知名公司的成功被归因于这种时尚，却没有好的证据来支持这一点）；

- 这个概念包含了一些新的流行语，但它们实际上并没有描述任何新的事物。

我没有忽视罗伯的演讲，也没有按原计划进行演示，而是决定利用这次机会，更多地以事实为依据，对新的想法和概念的正确性保持批判态度。我当时希望观众会对我演讲的内容和我分享信息的相关性和真实性更感兴趣。

在演讲开始时，我首先强调了一些"时尚"的警笛可能会在整篇演讲中响起，但我很高兴，很有信心，并承诺会解释为什么我认为工作塑造不是一种时尚，而是一种具有内在价值的东西。这次讲座取得了成功，之后许多人找到我说，他们发现以批判性的态度参与讨论某个概念或想法背后的证据和研究基础很有意思。

以下是我认为工作塑造不是一种时尚的关键原因：

1）工作塑造是令人兴奋、新颖新奇的。我确实觉得工作塑造是一个令人兴奋、引人入胜的话题。虽然在工作塑造概念化之前，就已经有文章提及了以员工为主导的工作设计，但这些引用都是极短的，抑或与调整和过渡等其他更广泛的理论有关。直到第一篇工作塑造论文发表之后，这个概念才被全面而仔细地分解、概念化、研究和衡量。

2）研究中有丰富的证据支持和证实了工作塑造的价值。世界各地的研究人员对工作塑造进行了研究，涉及了各种各样的职业和部门。截至2019年，已有超过130篇实证性和同行评审的研究论文，这些研究涉及全球数万名员工。第四章将进一步探讨这一证据基础。

3）工作塑造并不只是与知名公司和龙头企业有关。谷歌、领英（LinkedIn）和罗技等公司都在使用和鼓励工作塑造这一理念，很多不同行业的公司和部门也在大力地鼓励和实践这一理念。仅仅因为像谷歌这样的高知名度公司推行工作塑造，当然并不意味着其他公司应该盲目跟风。但各公司可以借鉴其他公司的经验和报告的结果，打造出自己的方案。

4）工作塑造并不与某个学术或管理大师相关。当然，有一些顾问和研究人员具有与工作塑造相关的特殊兴趣和专长。但我发现，让工作塑造有吸引力的一个因素是，有大量专业人士和学者正在探索这一概念，并帮助积累关于工作塑造的好处和潜在局限性的知识和经验。

5）工作塑造有着明显的局限性，并不是完美无缺的。尽管采取个性化的工作方式有明显的好处，尤其是在合适的组织和团队背景下。但是工作塑造也有局限性和潜在的负面影响。幸运的是，其中，大多数局限性可以通过适当的预见和计划来解决或减轻。

6）工作塑造不是一个热门词语，但它确实能引起共鸣。毫无疑问，一个概念的命名方式可能会影响一些人对它的兴趣。以我的经验来看，我发现工作塑造能引起人们的共鸣，因为它标志着一种使人们在工作中更加深思熟虑和个性化的方法。"塑造"是一个被广泛用于销售从啤酒、咖啡到度假体验的高级产品的术语。1999年，艾米·沃热斯涅夫斯基和简·达顿两位教授开始起草研究报告时，并没有利用当时的时代精神，而是首次提出了"工作塑造"这一术语。事实上，工作塑造只是这个概念的一个暂时可行的名称，但它最终还是被人们接受了，其他的都成了历史。

7　结论

虽然许多公司都在努力打造理想的工作环境，但很多公司都在挣扎着实践这一承诺，而且往往没有创造出一个能让员工每天都能充分发挥自己潜力的工作环境。工作塑造提供了一种简单易行、由员工主导、以证据为基础的机制，它能放大员工现有的优势、才能和兴趣。工作塑造可以分成五种不同的，但往往相互补充、相互重叠的类型：任务、关系、技能、目的和幸福。

从工作设计理论的角度来看，人们塑造自己的工作以更好地使其与自己的个人需求和兴趣保持一致，这一广义概念和想法可能并不是全新的，但工作塑造是一种独特的方法，它描述了员工主导的主动性。到目前为止，这项研究在工作塑造的好处方面很有说服力。

下一章将对工作塑造的短期和长期结果、好处和局限性进行研究总结，将阐述以实证为基础的工作塑造的优势、好处和缺点，可以满足人力资源部门和人事主管的好奇心。

要点

- 工作塑造是自下而上、积极主动、个性化和员工主导的工作设计方法。
- 工作塑造的主要好处可以概括为茁壮成长、职业发展和工作绩效。
- 五种关键的工作塑造类型是：任务塑造、关系塑造、目的塑造、技能塑造和幸福塑造。
- 工作塑造包括人们探索自己的工作方式，以及工作如何与个人优势、动机和需求相一致。

- 人们工作塑造的关键原因是：控制感、联系、健康、意义和自我表达。

关键问题

- 你塑造过你的工作吗？

- 你是否看到过别人塑造其工作？

- 你觉得在你的组织中，哪种类型的工作塑造（任务、关系、幸福、目的、技能）更容易做到？

- 你认为工作塑造的主要优势是什么？它有哪些局限性？

个案研究

罗技——设计你的影响力

罗技于1981年在瑞士成立，并迅速扩展到美国硅谷。该公司设计和生产个人计算机外围设备，将客户与其数字体验联系起来。如果你用过电脑或平板电脑，那你可能在某个时候就用过罗技生产的鼠标、键盘或驱动程序。

罗技致力于创造和维持一个能让人们充分发挥工作潜力的工作环境。2016年，罗技被提名为由密歇根大学积极组织中心举办的著名积极商业项目竞赛的大奖得主。罗技获得的奖项是为了表彰他们在发展员工方面的开拓性方法，其中一个关键部分是设立一个名为

"设计你的影响"的全组织项目，为员工创造机会探索工作塑造。

"设计你的影响"工作坊的目的是使人们能够探索自己的个人优势和价值，并使他们能以全身心投入工作的方式来塑造自己的工作。正如当时担任全球学习与发展部负责人的杰西卡·阿莫特吉（Jessica Amortegui）向我解释的那样："我们希望给人们一个机会，让他们成为自己工作的设计师和建设者，而不是被一刀切的岗位职责所束缚。"罗技通过一系列90分钟的工作塑造工作坊做到了这一点，工作坊鼓励人们探索如何将个人优势和激情与每天的工作结合起来。参加这些会议是自愿的，但事实证明它们很受欢迎，罗技的3000多名员工中有2000多人参加了"设计你的影响"工作坊，其中包括公司的高级管理人员。罗技在全球十多个不同的地点举行了此类工作坊，也为人们提供了在异地进行培训的机会和安排。

在影响方面，杰西卡在米歇尔·麦奎德的《让积极心理学发挥作用》（*Making Positive Psychology Work Podcast*）播客中接受采访时证实：

> 我们发现，通过帮助某些人对其工作方式、任务组合以及共同工作的伙伴进行微小的改变，我们能够对他们的激情和参与程度产生巨大的影响。

罗技认识到，微小的变化是促使行为变化的关键，微小的边际收益会通过员工的快乐和表现溢出到工作中。为了使人们能够最大限度地利用工作塑造机会，杰西卡和团队意识到了人们工作中的生态系统，并在与我的后续讨论中指出：

> 指望人们仅仅基于一次性的干预或工作坊就做出改变是不现实的。你需要考虑更广泛的组织因素，这些因素将支持你试图探索的想法和概念。

罗技认识到，领导者对于赋能人们去塑造工作至关重要。因此，除了许多团队领导亲自参加工作坊之外，经理们还分别收到了关于工作塑造及其好处以及如何鼓励人们努力个性化定制工作的信息和资源。领导们还能够参加一个关于工作塑造及其好处的简短介绍会。杰西卡和团队发现，这种领导力支持会带来回报，当管理者与员工就未来塑造工作的方式进行有意义的对话时，工作塑造会更成功。

罗技公司也很务实，他们认为工作塑造并不适合每个人。杰西卡告诉我：

> 你不能命令人们塑造工作，出于多种原因，人们可能没有精力或兴趣来塑造他们的工作；相反，有一些人热衷于探索如何使工作变得更好，你可以更好地与这样的人一起工作。这并不意味着你应该忽视那些不会塑造工作的人，或者把他们抛在脑后；你需要以其他方式支持这些人的发展和成长。

第四章　工作塑造的好处及其证据

1　工作塑造的原因

我发现，每当有人提出一个新的倡议、概念或想法时，"那又怎样？"都是一个有用和重要的问题。当我和别人谈论工作塑造时，肯定会被问到这个问题，而我对这个问题表示欢迎。事实上，如果人们把我说的一切都当真，而没有考查我分享的想法背后的证据基础，或者没有考查工作塑造的任何局限性或潜在的副作用，我总会感到有些担忧。在回答"那又怎样？"这个问题时，我首先要分享的是，工作塑造可以帮助个人、团队和组织实现茁壮成长，获得职业发展，提升工作绩效（图4.1）。

在我看来，这三个术语很好地描述了进行工作塑造的"原因"，展示了工作塑造的三种不同要素。同时，它们也是十分有用的主题精练词，有助于我们更详细地探索塑造和定制工作的不同好处。

本章的重点将是探索和解释这三个要素，概述每个领域研究的广度和深度，以及组织，特别是人力资源部门和人事领导对工作塑造的应用方式。

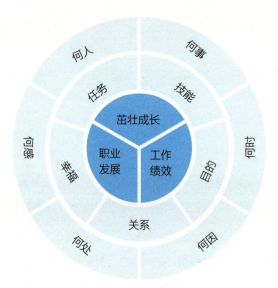

图 4.1　工作塑造及其好处

2　茁壮成长

工作塑造的第一个关键好处是茁壮成长。工作塑造使人们能够改变自己的工作内容，从而在工作中培养积极的意义感和认同感。这样一来，员工把其普通的"现成"工作角色转变为个性化的工作方式，创造积极意义和自我表达的感觉和源泉，增强心理幸福感，实现全面发展。茁壮成长的员工对自己的工作有控制权，并从工作中获得目标感、参与感和愉悦感。他们感觉良好，状态良好，拥有很高的幸福水平。

（1）快乐和积极的情绪

通过塑造工作，人们可以塑造自己的工作体验，可以花更多的时间专注在自己喜欢的、能给人成就感的工作项目和活动上。2012年，艾米·沃兹涅夫斯基（Amy Wrzesniewski）教授及其同事们对一家财富500强科技公司的一项研究发现，工作塑造与短期幸福感的提升呈正相关。根据同事和经理的评价来看，参加工作塑造工作坊的员工，六周后在工作中表现得更加快乐，工作效率也更高。

花更多的时间去做自己认为有价值的事情，我们的感觉会很好，这也会让我们能更加快乐地工作，增添工作中的乐趣。对每个人来说，能给我们带来积极情绪的活动都是不同的。我总是对各种能给人们带来快乐和喜悦的工作着迷。人们在工作坊和讨论中与我分享的一些令人愉快的任务包括：做演示、编码、开发Excel电子表格和数据库、影印、处理客户投诉、开发新想法、清洗吸液管、打扫、撰写战略文件和迎接访客等。我从中得出的结论是，不同的人喜欢不同的东西。我知道这不是一个深刻的认识，但令人失望的是，这肯定是许多组织未能探索或理解的东西。

（2）参与度

虽然我们可能会在醒着的大部分时间里睁开眼睛，但我们有多少时间是完全专注、投入和兴奋的呢？对大多数人来说，我们发现自己的注意力越来越分散，动机也在不断变化。

工作塑造以有形和无形的方式提高员工的参与度和专注度。相关研究一致表明，工作塑造与更高水平的总体工作参与度和满意度有关。因为通过积极主动地对工作进行个性化设计，人们可以让自己的工作朝着更有乐趣的方向发展，同时也让人们在工作中变得更加投入和专注。与此同时，工作塑造与工作活动中的活力、敬业和专注有关。活力是指人们感觉精力充沛，愿意为一项任务投入更大的自主努力，即使在面临挑战和逆境时也愿意继续工作。敬业是指个人认为自己的工作是有意义的、鼓舞人心的，因此对工作充满热情。专注是指个人完全专注于某项任务或活动的程度。

（3）幸福

人们越来越认识到工作场所内外个人幸福和健康的重要性。当人们身心健康时，他们对自己的工作感觉良好，表现也出色。研究发现，工作塑造与积极的幸福感有关，还会降低倦怠、工作紧张和抑郁的程度。通过塑造工作，员工能够满足自己对工作控制权的需求，培养积极的情绪和自我形象，与他人建立联系，并与自己所做工作的意义建立更深层次的联系。这些积极的方式满足了人的基本需求，反过来又支撑和培养了员工的幸福感。

（4）意义

正如作家兼历史学家路易斯·特克尔（Louis Terkel）在1974年的开创性著作《工作》（*Working*）的引言中所写的那样，"工作不仅是每天寻找面包，也是每天寻找意义"。这是他在采访了美国各地从事各种工作的100多名男女劳动者后得出的结论。在工作中寻找意义这一挑战或许可以用特克尔的一位受访者、编辑兼撰稿人诺拉·沃森（Nora Watson）的话来概括，她说："我们大多数人的工作对于我们的精神来说都太过微小。对于人们而言，工作并不够重大。"

有意义的工作的核心是相信我们正在做的工作很重要，这涉及对某种东西的归属感，我们相信它，认为它比我们重要。不幸的是，许多工作本身并没有什么意义，人们需要自己去寻找意义。找到并发展这种意义感的一种方法是把意义积极地置于我们的工作中。许多研究已经表明，工作塑造可以帮助人们在工作中寻找并创造意义。积极地定制工作可以让人们把普通的"现成"工作角色转变为个性化的工作方式，从而创造出一种积极意义和自我表达的感觉与源泉。

工作塑造提升意义的一个简单但强大的方法，是鼓励人们探索他们所做工作的影响及其帮助他人的方式。例如，项目经理可以有意花时间与他们工作将会影响的团队和个人进行联系并进一步了解他们，通过这种塑造方式，经理能够更深刻地理解他们的工作对其他人的积极（或消极）影响。

整个团队可以从直接听取他们所支持的人的反馈中获益。例如，为了更好地了解自己帮助他人的方式，一个为专业服务公司工作的人力资源团队将企业的不同利益相关方聚集在一起，听他们讲述人力资源为其个人或团队提供价值的故事。直接从自己工作的受益者那里分享和聆听这些事例，可以让整个人力资源团队的成员有机会思考并挖掘其个人和集体工作的意义和目的。

（5）关系

我们与周围人（包括家人、朋友、同事和邻居）联系的频率和质量对我们的健康、幸福和茁壮成长的能力有着深远的影响。正是在他人的陪伴下，我们经常感到快乐，分享笑话和乐事，得到友谊、支持和爱。强大的社交网络不仅能促进个人茁壮成长，还能帮助我们缓解压力和焦虑。

我们建立的联系的质量越好、频率越高、时间越久，我们就越容易表现得更好。这适用于我们生活（包括工作）的方方面面。关系塑造使人们能够扩大现有关系，建立新的关系。

案例 _____

在呼叫中心建立联系

我最喜欢的一个利用关系塑造建立联系的例子，来自一家大型银行的客户服务呼叫中心团队。工作塑造培训结束后，本着打破常规、尝试新事物的精神，其中一名同事建议不要举行标准的团队会议，而是充分利用外面的好天气（在他们位于英格兰东北角的地方很少见）来玩一场圆场棒球。对团队来说，这是一个值得纪念的重大事件，也是他们第一次同时拥有许可和热情，去尝试一些自发的、与众不同的东西。冒险做不同的事情不仅有助于培养人际关系，还能彰显尝试新奇事物的好处。在游戏结束几周后，我去拜访了这个团队，讨论他们的工作塑造经验，人们都很高兴能和我分享他们的试验。他们一边分享，一边还在笑着开玩笑。我还注意到，他们甚至把玩游戏的图片打印了出来，贴在了办公室的各处。玩这个游戏的时间大约是90分钟，但它似乎产生了深远的影响。这是团队领导的功劳，他们允许团队做一些与传统的团队会议和聚会完全不同的事情。我也相信，如果团队领导提出要做游戏，它就不会受到如此热烈的欢迎。这个点子是团队成员自己提出的，与"正常"的工作方式有着天壤之别，而似乎正是这一点让它越发强大。

（6）成就

成就感源于朝着一个目标努力或达到一个目标，并有自我激励、勇气和毅力坚持到底。做某件事并把它做好带来的积极情绪和成就感会促进人们的幸福感和茁壮成长。工作塑造让人们有机会通过实现他们的工作塑造目标来产生这种成就感。

案例 _____

塑造成就

一位首席人事官对我说，设定并完成自己的工作塑造目标让她有机会更仔细、更清楚地思考自己在工作中是如何表现的。她设定了一个目标，即每天抽出时间与同事们交谈联络。每一次完成这一目标时，她都会产生一种成就感。同样，一位理疗师决定利用10分钟步行上班时间听一段专家播客，他对我说，他不仅学到了新东西，而且对实现了自己设定的积极的工作塑造目标感觉良好。

3   职业发展

工作塑造的第二大好处是个人和职业的发展。工作塑造能够促进个人、同事及其工作的成长进步。通过塑造和改变工作方式，人们有效地进行了一系列小的、渐进的变化实验。尝试新事物，探索哪些可行、哪些不可行，思考工作如何与当前和未来的兴趣、动机和抱负保持一致，这些都会推动个人、职业和组织的进步发展。

（1）技能和知识

工作塑造使人们能够巩固、建立和扩大他们的优势、技能和知识。通过选择建立个人资源的工作塑造活动，人们能够促进自己的个人成长和发展。研究人员调查人们自然从事的工作塑造的性质和类型时，发现资源建立和成长活动占总活动的34%。

成长活动包括寻求反馈、学习新技能、在职和正规培训和学习等。有人自愿参加一个新项目或一项具有挑战性的工作，从而拓展他们的知识或巩固现有的技能，这些都是促进发展的工作塑造的例子。

案例

积累技能和知识

在积累技能和知识方面，我遇到过一个来自人力资源部的具体例子。一位经理主动要求牵头调查一桩备受关注的复杂的员工关系案件，目的是在技术上，即判例法和程序，以及在更广泛的组织风险管理上发挥自己的能力。以新的方式完成现有任务的一个例子包括，一位营销经理描述了他们如何尝试在向团队的演示中不使用幻灯片，因为他们希望停止对技术的依赖，并培养与他人的联系。计算机程序员学习一种新的编程语言是一种技能塑造，因为他正在积极学习一种新的技能。

（2）职业流动性

人们发现，工作塑造有利于个人的职业发展，这通常是因为塑造工作的人能够创造或乐于接受新的方式来发展和展示关键技能、优势和才能。对于工作塑造对职业发展的积极影响，最常见、最有说服力的解释是，它有助于个人与工作建立更好的匹配，使他们能够表达自己的价值观和信念，同时利用自己的优势和专长。实证研究，即基于观察和实验的研究发现，工作塑造支持与职业发展相关的多种结果，包括总体就业能力，职业能力（职业发展所需的技能、知识和能力），职业满意度（对职业进展的积极感受）和职业动力（推动职业发展的动力）。

工作塑造与晋升也呈正相关。罗马大学（Sapienza University of Rome）的罗伯托·琴乔蒂（Roberto Cenciotti）、吉多·亚历山德里（Guido Alessandri）和劳拉·博尔戈尼（Laura Borgogni）进行了一项研究，对意大利最大的服务机构之一的349名中层管理人员进行了调查，对参与者进行了为期两年的追踪。研究发现，越多塑造工作的人，就越有可能对事业成功抱有积极的态度，也越有可能在公司内部获得晋升。

4 工作绩效

工作塑造的第三个主要好处与工作绩效有关。工作塑造使人们能够以最适合自己优势、才能和兴趣的方式调整工作，为其创造最佳机会来实现最佳绩效。

（1）工作和任务绩效

目前已有许多具体的工作塑造研究，对工作塑造如何在各种不同的专业背景下提升绩效进行了调查研究。例如，研究发现，工作塑造与儿童保育中心、医院和疗养院的更高护理质量、更高的教学水平，以及一个筹款组织更多的打电话时间和筹集的更多捐款有关。工作塑造也与包括汽车制造、化工厂和财富500强技术公司在内的不同行业更好的总体业绩有关。

更广泛地说，2018年，一项对28个工作塑造实证研究的回顾发现，绩效和工作塑造之间存在积极的关系。尽管他们所评估的那些研究使用的工作塑造和绩效的衡量标准存在不一致之处，但作者们能够得出以下结论：

工作塑造研究对那些肩负着改善员工和组织绩效任务的人力资源开发从业者也具有实际意义……人力资源开发从业者可以通过促进工作塑造行为，并帮助员工发展其扩展任务所需的知识和技能来提高员工的绩效和幸福感。

作者认为，绩效提高的原因在于，工作塑造使人们能够提高工作与个人需求和偏好之间的契合度，从而消除效率低下和工作挫败的情况，同时帮助员工扩展技能，激发动机，提升满意度。

2019年《欧洲工作与组织心理学杂志》（*European Journal of Work and Organizational Psychology*）刊登的一篇工作塑造干预元分析文章，调查了工作塑造工作坊和干预带来的业绩提升方面的估计投资回报。研究人员得出的结论是，三个月后，每名员工的产出平均增加2310美元（增加额从1010美元至3610美元不等），这相当于三个月后每名员工的业绩平均增加了14%。

（2）创新

如果每个人的工作方式都保持不变，那么公司就很难保持创新。我们是习惯的产物，而大多数公司往往是强加并赞扬秩序和一致性的官僚主义机构。这会导致人们陷入日常工作之中，没有精力或勇气退后一步去寻找机会进行创新、改进工作方式和工作设计。

工作塑造使人们能够改变其既定的工作方式，并发现、尝试新的工作方式。因此，作为创造性解决问题的一种方式，工作塑造与创新和创造力有着积极的联系，这不足为奇。例如，乌塔·宾德（Uta Bindl）等人对美国各种职业的600多名员工进行的一项研究发现，随着人们塑造自己的工作，他们也创造了变得更具创新性的机会。人们通过工作塑造来创新工作方法的例子包括：采用新颖的工作方式来处理任务；与同事建立协作关系，促进产生新的想法；关注技能，运用优势，让自己更有创造力。这些结果得到了一项独立但互补的研究的支持，这项研究是由乌塔领导的同一批研究人员对来自英国各种职业的388名参与者进行的调查。同样，研究发现，工作塑造与工作创新、开发和实施新想法和工作方式的能力有着积极的联系。其他研究发现，工作塑造帮助员工打开了思路，从而为公司开发新产品、想法和市场带来了种种机遇。

（3）客户满意度

工作塑造的好处和影响往往不只局限于塑造者个人。穆什塔克·西迪基（Mushtaq A Siddiqi）的一项研究探索了工作塑造和客户体验之间的联系。结合他在银行业的工作经验和服务营销学博士学位，穆什塔克着手调查工作塑造和顾客满意度及忠诚度之间的联系。这项研究涉及在包括德里、旁遮普邦和哈里亚纳等印度北部地区运营的公共、私人和外国银行。

实验的一部分内容是要求银行员工完成一项调查，其中包括衡量工作塑造的因素。该研究针对每个员工都收集了多个客户服务评分，共有203名员工完成了该研究。在从客户那里收集的满意度报告中，平均每个员工占2.7份。该研究发现，工作塑造与客户给予员工的满意度和忠诚度得分之间存在正相关关系。对于那些以促进社会联系和支持的方式塑造其工作的员工来说，情况尤其如此。

个性化工作与客户满意度更高之间存在积极关系的一种解释是，塑造工作的人可能会更有动力，对工作也更满意，这种能量和热情会溢出到他们为客户提供的支持和服务中。同样，当人们能够集中精力以利用其优势和才能的方式协调工作时，他们将在工作中更好地找到自己的位置，并且能够交付高质量的工作，这将有益于客户，助其越来越好。

（4）组织变革

工作塑造为员工赋能，鼓励员工对如何改变自己的工作充满好奇心。那些受到鼓舞、认为自己能够塑造工作的人在工作中处于优势，能够很好地抓住机遇，应对转型和变革时期出现的挑战。

研究表明，虽然工作塑造使人们能够对组织变革做出积极回应，但人们所做的工作塑造类型受到其工作动机及其收到的变革消息的质量的影响。2016年对368名警官进行的一项研究调查了人们为应对组织变革而从事的工作塑造的性质。参与者面临的变革类型包括部门合并、工作人员再分配，以及向新的信息通信系统的过渡。这些警官被要求完成一项调查，该调查衡量了一系列因素，包括工作塑造、他们对组织变革消息的质量的看法、工作投入度和适应性。

研究发现，清晰传达的变革计划有助于促进积极的工作塑造，对于那些典型的有创造力、外向、受自身和工作角色发展机会激励的人来说尤其如此。这些人将组织变革视为成长的机会，并主动塑造自己的角色和工作方式，以抓住新的机遇。相比之下，当沟通计划不佳或不清晰时，注重安全和保障的员工（研究人员称之为注重预防的员工）会运用工作塑造来寻求对工作的清晰认识和控制感。

这项研究得出的一个结论是，根据对变革的好处或威胁的个人看法以及组织提供的关于变革的信息质量，人们可能会以不同的方式运用工作塑造。例如，应对变化或最大限度地利用成长和进步的机会等。对于有明确计划和议程的公司来说，工作塑造可以是一种有用的机制，使人们能够应对变化并做出积极的反应。当人们感觉自己能得到清晰的信息，并定期获得有关正在计划和实施的变革的最新信息时，工作塑造的作用愈加明显。

5　工作塑造的优势与局限性研究

（1）研究的优势与深度

工作塑造是一个把学术概念轻松应用和转化到工作场所的例子。工作塑造研究的一大优势在于已发表的相关研究的广度和深度。2019年，一份实证性工作塑造研究的元分析包括了130多篇实证性和同行评议的研究论文，涉及来自世界各地的研究。对工作塑造影响的研究对象包括来自澳大利亚、巴西、中国、芬兰、德国、希腊、意大利、荷兰、葡萄牙、土耳其、英国、美国和越南的员工。工作塑造研究的总调查人数超过46750名。工作塑造的实证研究涉及各种不同的背景、环境和行业，包括从清洁工和呼叫中心工作人员到变革建筑师和首席执行官，从公共部门到私营部门，从汽车制造商到动物园等不同行业和背景。

工作塑造的研究也一直在稳步增长，而研究人员来自各种不同但互补的学术学科领域，包括领导力、管理、人力资源、职业心理学、工作心理学和积极心理学。为了了解人们对工作塑造的兴趣和研究的增长，可以看看第一篇关于工作塑造的论文自2001年发表以来每年被引用的次数（图4.2）。一般情况下，任何利用科学引文索引数据库（Web of Science）进行工作塑造的研究或调查都会用到这篇论文。截至2018年，艾米·沃兹涅夫斯基和简·达顿的这项研究已被引用超过1075次。

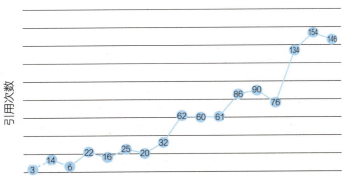

图 4.2　2001 年第一篇工作塑造论文的引用情况

（2）研究的局限性

虽然我认为工作塑造的研究很有吸引力，但在评估它的优势时，我们务必要小心谨慎。从当前的研究中，我们可以自信地说，精细的统计分析表明，工作塑造与许多积极的结果和益处都有着一致且可信的关系。但重要的是要认识到，这项研究并不意味着工作塑造本身会引起或直接导致这些结果。其实验室之外和组织内部的研究性质，限制了设计和进行实验的范围和机会，无法无可辩驳地证明工作塑造的因果影响。不幸的是，与医学研究不同，工作塑造不可能使用双盲研究，只给人们注射一定剂量的工作塑造，然后退后一步、测量实验结果的方法是行不通的。

商业、管理和人力资源研究的另一个局限是，它们往往是一次性的，也是独一无二的。这些研究的组织类型和工作角色往往不同，而实验方案和测量方法虽然相似，但很少完全相同。尽管这给了好奇工作塑造好处的人一系列不同的研究可以学习借鉴，但是我们很难对这些研究进行比较，而且就参与者的构成而言，复制这些研究几乎是不可能的。

因此，虽然我对我所分享的研究充满信心，但与任何新的想法或概念一样，对所提供的证据以及它如何应用于你自己或你的公司环境保持好奇心和批判性是很重要的。在第八章中，我们将进一步深入探讨与人力资源和工作塑造相关的循证决策。

工作塑造的两种研究视角

1. 塑造更完美的匹配

迄今为止，工作塑造的研究是建立在两个截然不同但互为补充的视角之上的。艾米·沃兹涅夫斯基和简·达顿教授在2001年的研究中将工作塑造概念化，促进了研究者对员工为自己创造更好、更有意义的工作体验的动机的关注。从这一角度出发，研究者确定了三种核心的工作塑造类型：

- 任务塑造（如改变任务和活动）；
- 关系塑造（如花时间建立或改变与他人的关系）；
- 认知塑造（如花时间思考工作的目的和价值）。

通过改变以上三个方面，员工可以改变工作体验，将自己的工作向个人偏好、需求和动机转变。随着时间的推移，其他类型的工作塑造，如技能塑造和幸福塑造，也被添加到这个原始列表中。

2. 在工作需求和资源之间塑造更好的平衡

第二个占主导地位的工作塑造视角侧重于积极主动地塑造和调整工作的需求和资源，以及员工平衡工作的需求和资源与个人需求、热情和才能的能力。工作需求是指工作中需要花费精力、专注力和注意力的方面，如身体努力、情感努力和心理努力。工作资源是工作中能够让员工得到补充、刺激和成长的部分，它们能够促进个人的成长和发展，支撑和提升绩效。研究人员玛丽亚·提姆斯

（Maria Tims）和阿诺德·巴克（Arnold Bakker）提出，员工可以通过四种不同的方式来塑造工作：

- 增加结构性资源（如寻找机会增长知识）；
- 增加社会资源（如寻求同事或主管的支持和反馈）；
- 增加具有挑战性的工作需求（如承担额外的职责和责任）；
- 减少阻碍性的工作需求（如减少工作或互动中特别紧张或消极的方面）。

这两种工作塑造观点的核心都是关注员工积极主动地塑造或改变自己的工作，以满足自己的需求。两个研究阵营的一个关键区别在于推动这种变化的原因：从沃兹涅夫斯基和达顿的角度来看，是渴望工作与个人动机、意义和身份更好地匹配；或者如提姆斯和巴克所言，在工作的挑战和机遇与个人需求之间找到平衡。

以上两种观点都是我支持鼓励工作塑造的源泉和基础。我鼓励人们在探索工作塑造时考虑自己的优势、激情和抱负，并确保在工作要求与成长发展机会之间保持适当的平衡。

6　工作塑造的潜在阴暗面

每当我谈起工作塑造，总会有人问我它的缺点和负面影响。虽然大多数关于工作塑造的研究都报告了积极的结果，但重要的是要承认，在某些情况下，工作塑造有可能对个人或组织产生不利影响。工作塑造的负面影响或副作用涉及：

- 以不适合组织的不利方式塑造工作；
- 以会对他人产生负面影响的方式塑造工作；
- 工作塑造的负面体验；
- 缺乏支持和信息混杂。

幸运的是，只要足够认真和专注，这些工作塑造的负面影响是可以避免的。如果领导者能够鼓励员工以明智的方式塑造工作，那么情况就会更好。

（1）以不利的方式塑造工作

在给企业领导者提供工作塑造工作坊时，我得到的回应往往是喜忧参半。有些人对工作塑造这一想法感到兴奋，并愿意与同事们分享；也有些人持怀疑态度，不断权衡支持工作塑造的好处和成本。我给领导者们的建议是，鼓励员工公开进行工作塑造，而不是让员工在没有管理层支持的情况下偷偷摸摸地塑造工作。领导者对工作塑造保持开放的态度，能够使工作塑造对员工、团队和整个组织都有益。

在我与艾米·沃兹涅夫斯基教授的讨论中，她证实了自己也有过类似的经历，而且她还有更好的建议。在对企业领导人的演讲报告中，她经常会说，工作塑造是一个明明存在却被人刻意回避的东西。她会告诉大家：

有些人认为工作塑造是个糟糕的主意，不适合你的公司，也不想让你的员工塑造工作。而我给这些人带来了好消息和坏消息。好消息是，我有很多东西可以提供给你，因为不管你是否给予许可，员工都会塑造自己的工作。而坏消息是，对于那些试图忽视工作塑造的领导者来说，你的员工会瞒着你私下塑造工作。

那些询问自己能否停止塑造工作的领导者们问错了问题。从根本上说，这不是他们能控制的。根据沃兹涅夫斯基教授的说法，领导者需要问自己的问题是："你希望人们秘密地塑造工作，还是希望人们能够采用并最大限度地运用真正适合自己的工作方式，让他们能够茁壮成长？"

（2）对他人产生负面影响

管理者们还担心，有些人的工作塑造可能对个人有利，但会直接或间接地对同事产生负面影响。例如，如果有人觉得更新项目日志很麻烦，并决定停止更新，那么这可能会妨碍其他人了解项目某些部分的完成进度。同样，有人可能决定停止做某些工作，或者不加选择地停止做委派他们的某些工作，期望其他人来接手。为了避免工作塑造对其他人产生负面影响，我建议人们在塑造工作时，考虑他们提议的变化对其他人的影响，最好让同事参与讨论，并寻求他们的同意。举例来说，如果客户服务部的某个人因为不喜欢与人正面冲突而忽略电话，那么这可能会导致团队中的其他人不得不接

听更多的电话，甚至导致无人接听客户的电话。这显然会给公司
（当然还有电话未接通的客户）带来负面结果。与团队一起举办工
作塑造工作坊的一个优势在于，员工可以在尝试工作塑造之前，先
有机会与其他人公开讨论和分享自己的工作塑造想法。

案例

向同事寻求交换任务的许可

在进行工作塑造之前，团队成员一起讨论自己塑造工作的想法
有诸多好处。我在一家银行的中心职能部门举办的工作坊就是这样
的一个案例。小组在讨论他们工作的不同方面时谈到了团队会议。
其中一名参与者（伊娃）承认，她讨厌轮到自己做会议记录。进一
步讨论后发现，由于一些没人记得的原因，该团队成员决定轮流写
会议记录，并跟进商定的行动。在制定工作塑造目标时，伊娃问同
事们，作为不做笔记（这项需要注重细节的任务耗费了她的大量精
力）的回报，她是否可以每月组织一次团队交流活动，这可以利用
她善于建立人际关系的优势。人们乐于接受这个任务交换的提议。
事实证明，如果会议记录没有被记录下来，伊娃的一些同事会感到
不安。而这些同事乐于采取后续行动，乐意自愿做更多的议程协调
和行动记录工作。这个例子虽然小，但很重要。我们中的许多人像
伊娃一样，没有机会或勇气与他人分享自己未说出口的挫折或消耗
精力的事情。在第七章中，我们将通过练习和"工作交换"来探索
支持此类讨论的方法。

（3）负面和意外的结果

我认为，人们应该把工作塑造看作一种实验，这样做的部分原因是没有人（包括塑造者自己）知道他们做出的改变会带来什么样的结果。你必须先做出改变，然后再看它有什么不同，以及是否有益。

有时候，工作塑造会得到意想不到的结果。例如，承担额外的任务或志愿参加一个新项目可能会在学习方面带来一些好处，但这些好处可能会被承担额外责任带来的额外压力和要求所抵消。同样，当人们通过停止做某项工作或委派任务来减少他们的需求时，人们会期望这可能会对个人产生积极的影响。但是情况并非总是如此，事实上，许多研究发现，减少工作需求实际上降低了人们对工作的参与度和满意度。对此的一个可能解释是，人们可能会觉得，通过减少和限制工作中的某些内容，他们就会在工作中面临失败（当然，情况往往并非如此），并开始带着负面情绪和感受看待自己的工作。

（4）混杂信息及工作塑造受阻

邀请和鼓励工作塑造的最大风险并不在于人们塑造工作的方式或对他人的影响，而在于阻止别人尝试工作塑造的毁灭性后果。有意或无意地阻碍人们进行工作塑造的尝试，不仅会抵消人们从工作塑造中获得的积极成效，还会对人们的动机和参与水平产生负面影响。事实上，你一方面鼓励人们塑造和个性化定制他们的工作方式，另一方面又扼杀了这样做的机会，这为人们制造了虚假的期望和希望。从动机或参与的角度来看，这可能会对员工造成严重伤害，并且从长远来看，这会对组织带来灾难性的后果。正如我们在第二章中所探讨的，人们在工作中产生无助感和缺乏控制感会面临严重而持久的后果。

幸运的是，以我的经验来看，组织支持工作塑造与减少或限制员工这样做的机会，这种不匹配的情况并不会经常发生。我之所以这样说，通常是因为个人领导者或管理者自己没有机会充分理解工作塑造或探索这一概念。因此，或许可以理解的是，一些管理者自然会怀疑人们主动改变工作的企图，并对这种行为的后果感到紧张。正因如此，为领导者和管理者提供信息和培训对于持续推进工作塑造至关重要。

（5）如何"明智地"塑造工作——三个关键原则

领导者经常问我如何确保员工的工作塑造对个人、同事和组织都有好处。我的诚实回答是，你无法控制人们如何塑造工作。但这并不意味着你对此无能为力。我建议领导者与员工分享一些指导原则，员工可以用这些原则以"明智的方式"制定自己的工作塑造目标。这些原则是我根据科廷大学变革性工作设计中心主任莎伦·帕克（Sharon Parker）教授的研究结论发展出来的。帕克教授研究了"明智的积极行为"，她用这个术语来描述积极主动的工作方式，这种方式促进而非阻碍个人和组织的成功。

帕克教授在她最初的研究中确定了三个要素，我将它们进行了调整，用于以下的工作塑造：

1）一致性——工作塑造行为如何与你的工作和组织的重点保

持一致？当塑造工作时，领导者可以鼓励人们考虑他们的工作塑造行为在多大程度上支持组织的整体战略。如果工作塑造目标不支持组织策略或者没有为个人提供价值，那么考虑一下工作塑造活动的效用是非常重要的。

2）对他人的影响——工作塑造行为如何影响其他人？在塑造工作时，考虑工作塑造行为对团队成员、公司同事和客户等其他利益相关者的影响是很重要的。

3）对自己的影响——工作塑造行为将如何影响你的总体工作量？塑造工作最简单的方法之一是志愿参加新项目或承担额外的工作任务。人们往往不愿意减少自己的工作或停止做某些任务。这种情况的潜在负面后果是，人们可能会通过塑造工作来增加工作需求，并产生额外的工作压力，如果未经考验，从长期来看，这可能会导致负面后果。理想情况下，工作塑造目标应该能够让人们更聪明地工作，而不是更努力地工作，员工应该小心地优化他们的时间来达到目标，避免过度的压力和倦怠。

人力资源能做些什么来促进明智的积极行动和工作塑造？

在澳大利亚人力资源研究所的一次采访中，莎伦·帕克教授强调了人力资源可以做三件事来促使人们采取"明智的"积极行动。

首先，人力资源可以鼓励有关组织战略、目标、时间框架和预算的信息流动和发展。通过这样做，人们更有可能理解和识别其工作塑造行为与组织更广泛目标之间的任何潜在冲突。

其次，帕克教授建议，人力资源可以积极培养团队合作，建立信任与达成合作。当人们在团队中工作时，他们更有可能考虑自己工作的任何变化对同事的影响，并最大限度地减少或避免工作塑造或其他积极行为的负面影响。

最后，帕克教授指出，人力资源需要努力鼓励员工以健康的方式积极主动地工作，以缓冲和尽量减少超负荷工作。她说："人力资源当然应该关心员工的职业倦怠。不幸的是，我们看到工作场所的精神健康问题正在蔓延。"

7　结论

到目前为止，虽然工作塑造这一概念在人力资源管理和工作心理学等领域的学术研究中有所发展，但尚未渗透到人力资源实践中。对于希望营造一种能让员工真正可持续茁壮成长、发展和工作的职场文化的人力资源管理人员和领导者而言，工作塑造有许多令人信服的好处。尽管如此，工作塑造不是万能的。个性化工作有许多潜在的局限性和阴暗面，虽然（相对）容易减轻，但会给个人和更广泛的组织带来问题。建立组织的领导力方法与鼓励"明智"的工作塑造是两个特别有效的想法。

在本书的这个阶段，我希望你和我第一次发现工作塑造时一样，对探索它是否对你个人、你的团队和同事，以及你为之工作的组织有价值而感到好奇。下一章的重点将是如何鼓励和实现工作塑造。

要点

- 工作塑造的主要好处（原因）可以概括为茁壮成长、职业发展和工作绩效。

- 要意识到工作塑造有许多潜在负面后果，包括以不利的方式进行工作塑造、对他人产生负面影响，以及与组织发展不一致等。

- "明智的"工作塑造原则鼓励人们考虑他们的工作塑造对自己、同事以及组织的方向和优先事项的影响。

- 在全球范围内，一系列广泛的服务行业和部门都开展了工作塑造研究。

- 尽管总体而言，工作塑造研究很有吸引力，但务必要对该研究的局限性保持谨慎和好奇。

关键问题

- 你认为工作塑造的主要好处是什么？
- 工作塑造的哪些好处与你的组织特别相关？
- 在你的组织中，实现工作塑造的主要挑战或障碍是什么？
- 对于目前的研究，你有哪些问题，以及你想进一步探索什么？

个案研究

维珍金融公司的塑造技术与转型

詹姆斯·麦克格林（James McGlynn）是英国银行CYBG的首席信息官，负责维珍金融和CYBG的信息、技术、转型和数据安全。虽然技术曾经限制了金融服务组织的功能和灵活性，但现在它正在塑造和引领业务流程、运营和服务交付的颠覆和转型。

2017年，詹姆斯与人事服务主管朱尔斯·史密斯（Jules Smith）合作，委托首席信息官职能部门的成员开展工作塑造试点。与会者包括变革领导者、欺诈和金融犯罪经理等。参与者参加了一个由定制思维公司组织的工作坊，会上介绍了工作塑造，并鼓励参与者设定一个工作塑造目标。一个月后，这群人又聚在一起分享他们的经历。在参与者中，98%的人报告说，学习工作塑造对个人和专业发展都有好处，80%的人能够积极实施和实现其工作塑造目标。比较干预前后的措施时，还发现其他一些有益结果，包括工作满意度提高（+34%）和喜欢度提高（+20%）。

在参考试点情况和参与者的进一步反馈后，詹姆斯决定在整个首席信息官职能部门设立工作塑造工作坊。这个项目的负责人不是外部顾问，而是接受过工作塑造培训的内部职员，他们能够将这一概念与实际情况联系起来，从他们的个人经历中汲取经验，并分享维珍金融公司中运用工作塑造以有益方式个性化定制自己角色的员工的故事。

与詹姆斯交谈时，他解释说，出于多种原因，他非常想与首席信息官职能部门的同事们一起引入并测试工作塑造这一概念。第一，工作塑造为人们赋能，鼓励人们将实验和改良融入自己的角色结构中，这与以"更聪明、更敏捷和更少结构化的方式"推动创新和改进的业务需求相一致。第二，注重利用个人优势可以让人们更好地认识到多元化的思维、才能、经验和背景能够给企业带来哪些好处。例如，詹姆斯强调说，从神经多样性的角度来看，人们有巨大的机会在数据和信息丰富的首席信息官职能部门中应用非典型的神经学、数字和分析才能。第三，作为商业领袖，詹姆斯认为工作塑造的主要好处是，它是使人们能够找到并查看他们工作的价值、目的、方向和意义的"工作指南针"。第四，从实际角度看，这一概念易于采纳和应用。正如詹姆斯所说，"这不是你需要仔细学习并获得证书的东西"，而是可以在参与工作坊后直接轻松应用的东西。第五，同样重要的是，詹姆斯认为，从人的角度来看，个性化定制工作才是正确的做法：生命太短暂，如果你讨厌或不喜欢某样东西，那么就改变它。

第二部分

实验

第五章　工作塑造的不同形式

　　工作塑造有不同的方式。它适用于我们工作的所有方面，包括我们的任务、关系，以及看待工作的方式等。工作塑造不仅有不同的类型，还有各种各样的动机和应用方式，包括侧重于建构任务、改善关系的成长型和生成型塑造，以及减少活动和总体工作需求的预防型和保护型塑造。本章将通过分析相关研究、已发布的案例研究和从业者经验，探索不同类型和方向的工作塑造及每种方法的优势和局限性。

1　工作塑造的不同类型

　　在本章中，我们将探讨工作塑造的五种不同类型（图5.1），即工作塑造的"内容"。这是第三章中工作塑造模型的中间部分。

（1）任务塑造

大多数工作都涉及一系列的任务和活动。任务塑造的重点是对这些组成部分进行调整。我们可以将其定义为主动对工作的各个方面做出切实的改变，包括重新设计、添加或删除任务，或者重新分配花在不同活动上的时间。如果你认为你的工作是一系列积木堆积在一起构成的一个"完整的工作"，那么任务塑造的重点就是改变这些积木的形状、大小，甚至是颜色和结构。任务塑造是工作塑造的一个基本方面，通常与其他类型的塑造相结合，因为角色关系或发展方面的变化通常会以某种方式塑造和影响工作的任务和活动。

图 5.1　工作塑造的不同类型（深蓝色部分）

任务塑造的方法有很多，但有四种主要方法和通用主题：

1）**添加任务**：员工可以添加他们认为对其工作有意义、有激励作用或有吸引力的额外任务或活动。例如，对技术感兴趣的人力资源管理人员可能会添加使用推特发送关于新政策、计划或培训课程的推文的任务。这样做可以让人力资源管理人员尝试用新的、不同的方式与整个公司的同事交流，并跟踪他们对特定推文的兴趣和参与程度。它还提供了一个与更多员工进行互动的新渠道。例如，员工可以用推特向人力资源团队提出问题或表达疑问。

2）**重视活动**：人们可以对特别愉快和有意义的现有工作任务投入更多的时间、精力和注意力。例如，对客户服务有浓厚兴趣的信息技术人员可以主动自愿成为某个特定服务领域的第一联系人，或者成为某个特定应用软件的问题解决人。

3）**重新设计任务**：重新设计任务是指以新的方式完成现有的任务。当时间有限，没办法添加或重视任务时，员工可以找到改变和塑造现有活动的方法，使它们更有意义和趣味性。例如，与其简单地依靠电子邮件作为一种交流方式，人们可以打电话交流或亲自与某人见面。另一个例子可能包括使用新的软件或新的流程来交付他们过去所做的服务。就团队沟通而言，这可能包括尝试新的在线消息传递方式，如Slack、微软团队或Rocket Chat等组织。

4）**移除和减少任务**：人们塑造工作时可以移除或减少他们承担的某些任务，或者通过简化这些任务来使其不那么紧张和繁重。相关例子包括：厨师减少菜单上的菜品；企业家花钱请会计师管理他们的财务和簿记；经理取消或减少召开非必要会议；项目总监委托同事撰写投标函。移除任务时务必小心，要确保人们能感知并理解不做某项工作所产生的广泛影响，或者在委托任务时，人们不是简单地将他们的工作"丢"给别人。

案例

任务塑造

保罗在信息技术部门工作，在公司正式发布新软件之前，他都热衷于测试新软件、尝试使其崩溃。他喜欢尝试找出系统的故障，所以他在工作的"业余时间"、午休和加班时就测试新的软件。

随着时间的推移，他对这项工作的热情和专业知识开始得到大家的认可。在新软件正式发布之前，同事们会联系保罗去测试他们的软件。在与经理讨论之后，保罗将这一职责添加到他的工作角色中，所以现在他大约每两周会花半天时间来测试新软件。保罗得到了做他热爱的事情的机会，而公司也从保罗的激情和专业知识中受益。

（2）技能塑造

每个人对自己和自己工作的要求都有着独特的洞察力。技能塑造使人们能够以对自己最有利的方式追求自己的职业发展，最终对其工作产生积极影响。技能塑造可以定义为改善工作，不断发展完善专业和实践技能、知识及专长。技能塑造不仅包括发展新技能，也包括完善和巩固现有的知识和专长。

技能塑造包括结构化学习、基于工作的学习、自我指导的学习，以及更广泛的专业发展活动。结构化学习包括参加外部的培训课程或资格培训等活动。基于工作的学习包括志愿参加特定的项目、跟随同事学习特定的技能，或者承担新的责任。自我指导的学习包括阅读特定的论文或文章，或者加入专业的在线小组或论坛。最后，专业发展活动包括培训或指导他人、加入专业团体或与他人建立联系等活动。

人们可以通过三种关键方式来塑造技能：

1）培养新技能和知识。这种技能塑造专注于寻找、发展和增长与工作相关的新技能和知识，包括培养更广泛的能力、尝试学习超越核心技能的新东西，以及寻求扩充整体知识储备的机会。例如，有人可以自愿参与一个新项目，软件工程师可以学习和试验一种新的编程语言，财务经理可以学习人工智能和机器学习的应用为己所用，或者新的直线经理可以参加一个培养和发展领导力技能的培训。

2）巩固维持知识和技能。这种技能塑造包含创造和寻找机会来巩固和深化现有的知识和专长，并积极主动地塑造工作，以确保不会失去已经掌握的知识和技能，包括努力保持特定领域的专业知识，并积极掌握与工作核心领域相关的知识。例如，人力资源经理可以自愿为公司主持或领导某些员工关系活动，尽管这不是他们角色主要或核心的部分，但是这样做能够让他们巩固现有的知识和专长，并进一步激励他们了解组织政策和就业案例法的最新信息。

3）重新设计现有任务以发展知识和技能。这种技能塑造是指通过重新设计现有任务的执行方式来发展知识和技能。相关例子包括：团队领导学习和探索使用谷歌文档、多宝箱（Dropbox）或微软协同办公平台（Microsoft SharePoint）等协作软件，来构建、编辑新文档和跟踪项目；管理者可以尝试不同形式的会议。比如，每天站着开会、步行开会、沉默会议，甚至完全取消现有的会议。

案例

技能塑造

阿德琳是一家律师事务所的组织发展经理。她热衷于尝试使用敏捷方法来设计和塑造未来的培训课程。到目前为止，她开发和委托的大多数课程主要是根据高层领导和顾问的意见设计的，而且这些课程往往在没有针对特定受众进行测试或调整的情况下就在全公司"推出"。

为了进一步了解敏捷方法，阿德琳阅读了一些关于"敏捷"概念的书籍，还浏览了一些在线研究和资源。她跟随使用敏捷方法的信息技术团队的同事学习，不断巩固知识，并参加了许多次的迭代来理解这一方法。阿德琳通过有意识地、积极地增加她关于敏捷工作方式的知识来塑造技能。

在为首次担任团队领导的人设计和开展培训课程时，阿德琳试验了一下敏捷方法。她决定不策划或开展一个独立的课程，而是与现有和新上任的直线经理举行了一系列简短商讨，为培训课程设计大纲和内容。其成果是一个由少数同事进行测试的试点会议。与传统的"讲座式"培训课程不同，该课程基于团队的反馈和想法，互动性更强，课程内容来自现有的经理，而不是外部演讲者。

（3）关系塑造

关系塑造涉及人们在工作中塑造或改变自己与他人的联系、关系和互动的性质，包括积极寻求结识新朋友、深化现有关系，以及创造更多互动和合作的机会。除了建立关系之外，关系塑造还可以用来"减少"与他人的互动，包括故意避免某人或减少与某人在一起的时间，或者更广泛地说，减少工作中涉及社交或与他人联系的方面。

大量研究表明，高质量的人际关系可以带来许多积极的好处，包括对工作和整个职业生涯的适应性、增加的满意度，以及得到提高的整体生理功能。人际关系和与他人的联系是影响个人工作表现、幸福感和意义感的有力方式。

人们通常用三种不同的方式来塑造关系：

1）建立和扩大关系。员工可以通过建立新的关系、扩大现有关系来增进满足感和意义，这些关系使他们感受到乐趣、尊严、信心和价值。例如，我知道有些人会安排和同事共进午餐，一起度过一段黄金时光。其他的例子包括：人们请求他人指导自己，与他人合作、跟随他人学习，或者寻找更多与团队成员非正式联系的机会。

2）重构关系。人们可以改变构建现有关系的方式，以培养更好的联系，并尽量减少或改善有问题、难相处的关系。例如，如果有人总是反对或阻止你改进服务的想法，你可能很容易就会感到沮丧，甚至会以为他在针对你个人。重新构建这种关系的一种方法是，探索导致这一行为的其他解释。例如，他可能特别想要规避风险，或者可能过于强调谨慎或保护的力量。他可能只是想通过维持现状来保护你的团队或公司，而不是想要批评你。

3）调整人际关系。通过拓宽和调整现有的工作关系，人们可以找到新的方式与他人联系，并有更多的机会以有目的和有意义的方式行事。例如，有人可能会故意努力去更多地了解同事的爱好、激情和兴趣，这给了人们一些可以谈论的话题，并表现出对他人的关心，而这种关心超越了工作。另一个例子是，一名更有经验的员工调整与新入职者的关系，对其进行指导或辅导，这可能对指导者和被指导者而言都有意义和益处。我还见过一些人通过成立或加入读书俱乐部等团体来调整和拓宽人际关系。

案例

关系塑造

作为执行董事，乔安妮的角色极具挑战性。随着时间的推移，她觉得与团队联系的机会越来越少。虽然她在接二连三的会议上花了很多时间和团队成员在一起，但她真正与大家交流的机会很少。通过电子邮件传达工作任务通常比面对面交谈更容易、更快捷，但这并不能反映乔安妮的个人风格或工作偏好。因此，乔安妮制定了一个小型工作塑造目标，即她每天都会尝试与一位团队成员打电话或面对面交流，而不发送电子邮件。这个习惯每天会花费她10～15分钟的时间，但是乔安妮说这对她的工作有很大的影响。通过这个新习惯，她对自己的工作方式有了一些控制感，并使其更加符合自己的工作偏好和信念。

（4）目的塑造

目的塑造，或认知塑造，指的是重塑我们对工作的看法，包括花时间思考我们的工作对自己和他人（包括我们的朋友、家人、客户和同事）的价值和意义。这通常会鼓励我们将工作视为一个整体，而不是单独的任务，并鼓励我们探索自己所做的工作如何实现有意义的个人、组织或更广泛的社会目标。它还包括关注和思考工作中最好的部分或最有意义的方面。人们倾向于通过三种主要方式来进行目的塑造：

1）**提升目标感**。个人可以通过拓宽自己的工作对他人的影响和意义的认知来培养目标感和意义感。这涉及将工作视为整体，而非许多独立的活动和连接。例如，在公共图书馆工作的人可以将他们工作的目的视为分享和提供信息和知识的能力，同时促进当地社区意识，而不是将其工作视为堆叠书架、订购书籍和与个人客户打交道。一项对动物园管理员的研究发现，他们并不认为自己的工作（包括清洁围栏和喂养动物，这是他们大部分的工作）十分繁重，而是从更广泛的意义上看待自己的工作，包括养育、保护和照顾动物的道德责任。

2）**缩小目标**。我们可以通过关注和认识自己认为特别有意义和令人愉快的工作要素来创造一种目标感。与扩大认知相反，这涉及将工作目的的心理范围缩小到特定的任务、技能和关系。这种方法可能最适用于那些不喜欢自己工作中的某些元素，但确实发现工作中其他特定部分有意义和吸引力的人。例如，在客户服务部门工作的人可以专注于思考受自己帮助最大的客户。或者，如果有人喜欢解决问题，他们可以专注于工作中能为客户解决问题的方面。

3）与目的相联系。人们通常只能在不工作时追求自己的激情和兴趣，但是人们可以把工作的元素与自己的激情和兴趣联系起来，从而进行认知塑造。例如，一个热爱跑步的人可以在工作中成立一个跑步小组，帮助他人健身，与他人建立关系，并创造一个经常出去跑步的机会。

案例 ────────────────────────────

目的塑造

露西在一家银行的客户服务中心工作。她的工作非常繁忙，大部分时间都用来和客户交流和沟通，几乎没有时间或者能力去改变自己的日常工作。在一个工作塑造工作坊之后，她决定要创造性地塑造自己的工作，即每天晚上花5分钟时间思考受她帮助最多的客户。第二天早上，她在汽车的座位上留下了一个日记本。露西设定这个目标的原因是，她认为通过自己的工作帮助到别人是很重要的。于是每天晚上开车回家之前，她都会记下当天最积极的客户体验。一个月后，她就有了20多个关于她如何改变客户生活的例子。

（5）幸福塑造

幸福塑造需要人们主动塑造工作方式，以积极影响整体幸福水平，包括改变工作来促进身心健康，改变可能产生有害影响的工作和日常事务。人们塑造幸福的主要途径有三条：

1）提升幸福感。人们可以通过寻找和采用新的方式，在工作中变得更加积极、精力充沛、专注投入，从而提升自己的幸福感，包括以更有意识的规律的休息来恢复精神、利用午休时间做些运动、白天练习正念、小睡一会儿或吃些更有营养的零食，而不是去当地的三明治店里吃些卡路里含量高的东西。

2）减少紧张和压力。这种类型的幸福塑造包括寻找方法来减少或避免某些特定工作给个人带来的负面压力和紧张。比如，晚上或周末不要再查看电子邮件、对不重要的工作请求说"不"、养成"按时"离开办公室的习惯（对于每个人来说，按时离开的时间点都不一样），以及直接寻求支持以解决负面关系。

3）重新设计任务以促进幸福。包括重新设计现有的工作方式，以进一步促进健康和幸福。例如，每天走一次楼梯而不乘坐电梯、开展一对一的步行会议、一个月内禁止团队成员吃蛋糕和饼干，或者在一天中的部分时间站立办公。

案例 _____

幸福塑造

阿里发现自己在工作中越来越难集中注意力。他很容易被自己的电脑和手机的消息提醒分散注意力，这些通知消息一响，他就有了新的电子邮件、社交媒体的新帖子或WhatsApp消息。他对正念很感兴趣，也想学习更多提高专注度和注意力的方法。阿里决定通过多种方式来塑造工作。首先，他会关闭手机和台式电脑上的所有的通知消息。其次，他会在一天中定期安排时间来查看手机和电子邮件。最后，在每周三天的午餐时间，他会找一个安静的地方坐下来（如果天气晴朗的话，最好是在外面），听一些正念软件，做正念训练。这些变化不仅让阿里在工作中更加专注，而且还带来了其他意想不到的后果。他发现自己通过成功地对工作方式做出积极改变而获得了积极的成就感，而且他很享受正念训练后的平静和专注。

2 工作塑造不同的驱动因素和方向

工作塑造的主要力量在于，它能让人们根据个人需求和动机，向不同的方向塑造工作。在与团队和个人一起探索工作塑造，并解释其不同类型和子集时，我会分享人们倾向于塑造的三种不同方式或方向。相关总结如下（图5.2）。

图 5.2　工作塑造的不同方向和驱动因素

工作塑造的三个主要不同方向和驱动因素是：

1）以成长为重点——增加、发展、促进。这种塑造方式侧重于在现有工作中增加、发展和促进任务、关系、技能、目的和幸福，主要包括扩展工作内容，融入新的工作方式。

2）以回避为重点——停止、减少、预防。回避塑造包括主动保护、限制或远离工作的消极方面。这些消极方面可能与特定的任务或关系有关，也可能与工作的总体消极压力、紧张和挑战有关。

3）以重新设计为重点——改变、改进、调整。重新设计不是增加或减少工作内容，而是主动改变、改进或调整现有的工作、思维和互动方式。

工作塑造的不同类型与不同重点的总结见表5.1。

表 5.1　工作塑造的不同方法的总结

工作塑造类型	定义	方法塑造: 增加、发展、促进	回避塑造: 停止、减少、预防	改变塑造: 改变、改进、调整
任务塑造	塑造任务和活动的数量、类型和性质	增加、开发和发展现有任务和活动	停止、删除或保护特定的任务和活动	重新设计现有任务的执行方式，或使用不同的方法实现商定的结果
技能塑造	创造机会发展、开发和巩固知识和技能	发展与新活动、项目相关的新的知识和技能	加深、巩固或寻找方法专注于现有知识和技能	发展新的技能、知识和方法来完成现有任务和活动
关系塑造	改变与同事的关系和互动的本质	通过寻找和发展与他人会面、互动的机会，在工作中建立新的关系	加深或限制与某些个人和团体的关系和互动	调整、拓宽和重构与个人和团体的现有关系

（续）

工作塑造类型	定义	方法塑造：增加、发展、促进	回避塑造：停止、减少、预防	改变塑造：改变、改进、调整
目的塑造	塑造对工作的价值、意义和目的的想法和看法	关注和思考工作整体而不是单独的任务，并思考工作更广泛的影响和意义	思考并确定有意义、令人愉悦的特定工作元素	在工作与个人激情和兴趣之间建立联系，以培养对工作的兴趣和参与度，增加工作的意义
幸福塑造	以积极影响个人的健康和幸福的方式塑造工作	采用积极影响健康和幸福的新的工作方式和惯例	减少或限制会带来负面压力的工作部分。例如，不受欢迎、无法控制的挑战和工作要求等	以积极影响健康和幸福的方式执行现有任务、活动和日常工作

工作塑造的某些方向是否比其他方向更好？

工作塑造的某个方向或重点是否比其他方向或重点更好，这是个很有趣的问题。一般而言，工作塑造的有益方面通常与成长活动联系最为紧密，包括个人在身体和认知上主动塑造、放大和构建工作的各个方面。从根本上说，这种塑造类型（通常被称为方法塑造）使人们能够以积极的方式塑造他们的工作。

迄今为止，以缩减和回避为重点的工作塑造的证据较为复杂。从表面上看，以最小化或减少工作需求的方式塑造工作，似乎应该是应对过度的、具有挑战性的工作负荷的有效策略。然而，实证研究表明，情况并非总是如此。事实上，降低角色要求或旨在逃避或远离工作消极方面的工作塑造，与工作参与度、满意度呈负相关。

其他研究表明，回避式工作塑造与疲惫有关。因此，矛盾的是，那些试图通过减少、最小化或停止工作的某些方面来应对工作压力和需求的人，实际上可能会发现自己因此会更加疲惫，对工作的参与度和满足感更少。

回避式塑造与工作参与度、满意度等因素之间有着较弱的、有时是负面的联系，造成这种问题的原因有很多。首先，负面关系的出现可能是因为回避式塑造专注于减轻或处理工作中产生阻碍或负面的方面。针对工作中不太理想的方面做些小改变可能是有用的第一步，但这可能不足以打破平衡，让工作总体上变得特别令人满意和有吸引力。同样，这些变化可能不足以解决具体的低水平的幸福或快乐。例如，在一天中开始有规律地休息可能有助于恢复体力，但对于解决工作总体的高负荷水平几乎没有帮助。其次，回避式塑造包括一些通常不会受到公开庆祝或鼓励的变化。所以人们在工作的某些方面遇到了困难时，也可能更不愿向他们的同事，特别是直线经理承认。因此，员工可能会因为无法实现目标而感到愧疚，或者会因为透露自己发现某些关系很难处理而感到不安。最后，有些研究者认为，取消某些任务或降低整体工作水平可能会在无意中降低工作的刺激性，从而影响人们对工作的满意度。

应该完全避免"回避式、预防式"的工作塑造吗？

总的来说，如果此类工作塑造行为旨在减少或缩小那些促进安全、降低风险的活动和互动，我们的建议是予以避免吗？这种预防式的工作塑造应该被视为消极的、有反作用的吗？我并不这么认为。

以预防为重点的工作塑造使个人能够理解和处理工作中阻碍他们的方面，并使他们能够以应付这些限制的方式集中思想和行动。这可能是让工作更易于管理的第一步，可以带来可实现的长期变化，也可以为人们在工作中塑造更多积极因素提供一个平台。

我与工作心理学、人力资源和工作塑造学者乌塔·宾德博士的对话，塑造了我对预防式工作塑造的看法。宾德博士与同事们一起研究了不同类型工作塑造的功效和影响。虽然她在研究中发现，涉及塑造、寻找和构建工作方面的促进式塑造活动往往与创造力和创新更密切地联系在一起，但她认为不应该放弃回避式、预防式的工作塑造方法。宾德博士认为，立即摒弃以预防为重点的工作塑造是一个错误。这种能够保护个人、减少工作需求、解决不良关系、引导关注和注意力的工作塑造方式，既有用又有意义。但要让员工充满信心，同时又不妨碍他们的经理和同事的工作，做出这样的改变可能会更加复杂。正如宾德博士告诉我的那样：

以预防为导向的工作塑造很重要，因为这可能是满足和解决个人履行职责的直接需求的最合适方式，但不幸的是，这种塑造可能会受到直线经理更多的抵制和挑战。

这种以预防为重点的工作塑造本身并不消极，而对这种行为的感知和相关感受是消极的，这也可以解释这种工作塑造方式与工作参与度、满意度和幸福感等因素之间更为复杂和微妙的关系。比如，一名计算机程序员可以塑造自己的工作，以确保自己每周至少三次"按时"下班。他意识到，无论是在家里，还是在日常生活中，持续熬夜或晚上工作，都会对自己的健康、动力和精力水平产生负面影响。然而，其他经常熬夜来努力完成工作负荷的同事可能会认为这种工作塑造行为是消极的，因为这种行为会给他们带来更大的压力。同样，团队领导可能会将此视为缺乏投入的表现。因此，员工可能会对以这种方式塑造工作而感到内疚，这会降低他们的满意度和参与度。开展以预防为导向的工作塑造需要考虑其背景和支持，以及员工、同事和领导的感受和看法。宾德博士认为，需要开展更多的研究来进一步探索和理解这一塑造方式。

3   结论

人们可以通过多种多样的方式来塑造和个性化定制他们的工作

行为和体验。虽然工作塑造有五种不同的形式（任务、关系、目的、幸福和技能），但在实践中它们往往会相互重叠、相互补充。工作塑造可以用来增加、减少或改变不同的工作元素。

员工的工作塑造努力的方向和重点会受到内部和外部因素的影响，包括他们的动机、家庭环境、激情，他们在工作角色中体验到的自由和自主性，以及他们工作的文化和环境。

人们塑造工作的方式和动机最终会与塑造工作的人一样独特。

设定有效的工作塑造目标，让工作塑造更为有效和有益，秘诀在于认清员工的组织环境，并与之相适应，而不是与之对抗。下一章将探索一个框架和方法，以最有可能对个人及其组织产生可持续影响的方式，建立引人入胜的工作塑造目标。

要点

- 工作塑造有五种主要类型——任务塑造、技能塑造、关系塑造、目的塑造和幸福塑造。

- 实际上，人们在塑造工作时通常会同时做多种不同类型的工作塑造。

- 工作塑造有三种不同的定位和方向——以成长为重点、以回避为重点和以重新设计为重点。

- 工作塑造每个不同的方向和定位都有其优势和局限性，概括而言，有更多的研究表明成长型、方法型塑造具有诸多益处。

关键问题

- 哪种类型的工作塑造更适合你或你的公司？

- 你或你公司的领导会多么公开地支持和鼓励回避导向型工作塑造？

- 你认为你公司中的员工有多么努力去尝试回避导向型工作塑造？

- 员工受鼓励去反思其工作方式的频率是多少？

个案研究

与维德勒航空公司一同在空中创造魔力

维德勒（Widerøe）是斯堪的纳维亚半岛最大的地区性航空公司。该公司每年载客约300万人次，其员工超过3000人。维德勒航空的一个坚定信念是"保持个性化"，这不仅表现在他们对待客户的方式上，也表现在员工投入工作的方式中。

正如维德勒航空公司首席客舱教员西夫·海蒂·布雷维克（Siv Heidi Breivik）向我解释的那样，维德勒积极鼓励员工们发挥自己的优势、利用自己的经验和资源，来塑造与乘客和同事互动的方式。机组人员的培训严格而紧张，新空乘人员有大量的信息需要学习掌握，以保障乘客的安全和舒适。但是，除了在任何航空公司都很常见的强制性培训之外，维德勒还鼓励机组人员思考如何将他们的个人优势和激情带到工作中，以及他们希望对乘客和同事产生何种积极影响。

空乘人员的工作既繁忙，要求又高。但是这项工作的某些方面可能是重复和常规的——每个月要重复数百次同样的航班和常规程序。维德勒鼓励员工去塑造工作，以打破其工作的重复性，同时以对个人有意义的方式开展工作，彰显个人优势和个性。正如西夫向我解释的那样：

> 通过以有意义的方式开展工作，你可以为乘客和你的同事创造魔力……但你必须进行试验，找到自己的方法。

西夫认为，空乘人员可以将自己的角色视为指挥，他们有能力和机会影响、塑造乘客在飞行中的情绪。小小的举动和同理心的表露有可能改变的不仅仅是一位乘客的情绪，而是整个航班的氛围。随意的善举，比如给小孩擦脏污的眼镜，或者给熟睡的乘客盖上毯子，不仅向行为的接受者，也向他们周围的人表达了关心和关怀。同样，与沮丧或不安的乘客打交道为机组人员提供了展示同理心、理解力、创造力，以及解决问题能力的机会。西夫说，这些行为有可能产生积极的影响，你可以看到飞机上其他乘客相互交流时的善意和关怀。

客舱教员拉斯·克瓦尔斯内斯·汉森（Lasse Kvarsnes Hansen）说，维德勒的一个积极而独特的方面在于它鼓励人们寻找方法来使用任务塑造，在日常活动中加入个人元素。例如，乘务员可以创建自己个人风格的飞行前简报和飞行公告，而大多数航空公司或组织并不提供这种自由。同样，拉斯解释说，乘务员可以在飞行中使用关系塑造与其他乘客或同事建立联系。比如，乘务员可以寻找机会与年幼或年长的乘客交流互动。

客舱教员兼机组人员塞西莉·托赛特（Cecilie Torset）还分享了一些她塑造自己角色的例子，并鼓励其他人也这样做。她对我说：

> 登机时，乘客通常会随身携带很多行李，不仅仅是手提箱和皮箱……作为一名机组人员，我可以去了解、支持别人，还可以分享故事。

从人们登机的那一刻起，塞西莉就积极地尝试进行关系塑造，与人们建立关系：

> 当乘客登机时，我有机会欢迎他们，并与他们交流，向他们展示自己真正看到并认识到他们是不同的个体。我会热情地和人们打招呼，并邀请他们回应，然后在整个飞行过程中不断增进联系。

在培训其他人时，塞西莉鼓励机组人员找到自己的方式，为自己和乘客创造"最好的一天"。她发现，一旦适应了自己的角色，机组人员最有能力塑造自己的工作，飞行协议和程序已经成为例行公事，机组人员有心理空间来思考如何调整和定制自己的方法。

　　维德勒为机组人员创造了在地面和空中发挥作用的机会。西夫解释说，维德勒航空公司空乘人员的背景和经历极其丰富和多样，维德勒鼓励员工去探索和寻找方法，将他们的专业知识和兴趣发挥到自己的工作角色中。例如，有许多受过培训的护士接受了再培训，成为空乘人员，她们为公司的急救培训做出了贡献，提供了支持。

　　拉斯说，工作塑造"给机组人员和乘客带来了额外的东西"。西夫和塞西莉都同意拉斯的观点，即以对个人有意义的方式塑造工作可以给工作带来一些活力和热情。工作塑造能够在飞行过程中创造出充满魔力的时刻，让机组人员和乘客之间产生奇妙的联系。

第六章　设定工作塑造目标

虽然人们通常都能很快地掌握工作塑造的概念，但要真正付诸实践时，他们往往毫无头绪。在日常工作中，有那么多相互矛盾的需求、截止日期和优先事项，你或你的同事如何找到机会来塑造工作呢？不管我们有多积极或有多投入，做出任何改变都是困难的。而在复杂的、有挑战性和要求苛刻的工作环境中尤为如此。

幸运的是，工作塑造并不需要增加一天的工作时间。有效的工作塑造策略实际上可能是找到并解锁工作的时间和精力的关键。

要想让工作塑造成为一种可持续的习惯和日常工作方式，其科学方法和秘诀就在于采取一些小的、有规律的、有吸引力的行动，并使其兼具实用性和热情。要确保这一点，最好的办法是将规划与目标设定相结合。

1 问正确的问题

正如任何一位教练都会告诉你的那样，要想让人们进行自我反思，找出改变和尝试的机会，问正确的问题至关重要。我发现，在与团队和个人合作时，主题问题有助于激发人们对自己想要进一步个性化定制和塑造的工作领域的思考、活力和兴奋感。我发现有六个主题的问题特别有用（图6.1外圈），这些代表了工作塑造的"方式"，也是第三章中分享的工作塑造模型的外环。

图 6.1　工作塑造的方式

（1）何感？你在工作中感觉如何？

"何感"问题的主题是了解工作目前如何影响个人的健康和幸福感，并探索工作方式、思维方式或结构方式的积极变化。虽然这一主题中的大多数工作塑造目标都与幸福塑造相关，但它们往往与其他工作塑造领域重叠，因为它们经常涉及做工作（任务塑造）、对工作的不同思考方式（目的塑造）、改变人际关系（关系塑造），以及学习或分享技能（关系塑造）。

12个与"何感"相关的问题：

①你工作的哪些方面对你的健康和幸福有正面或负面影响？

②你工作中的哪些变化会对你的幸福感产生最积极的影响？

③在工作中，你能参与或发起哪些有益健康的活动？

④为了能更有信心地应对工作中的挑战，你能培养哪些技能？

⑤你如何在工作日增加你的体力活动？

⑥你用什么方法来管理和维持你工作时的精力水平？

⑦在白天时，你会用哪些方法来恢复精力？

⑧你工作时会按照规定来定期休息吗？

⑨你对工作和家庭生活的平衡有多满意？

⑩在一天结束时，你会怎样关闭自己的工作状态、不再考虑工作呢？你有什么办法能做得更好吗？

⑪你觉得自己白天的饮食健康吗？怎样才能更健康呢？

⑫你有什么个人技能或热情可以与同事分享吗？你又会怎么分享呢？

（2）何人？你和谁一起工作？

第二个问题的主题是"何人"。探索与谁共事以及他们的工作关系质量为人们赋能，并鼓励人们找到机会来建立、改变或限制自己与他人的关系。通过探究这些问题，我们发现大多数工作塑造目标都与关系塑造有关。

12个与"何人"相关的问题：

①谁是你的主要利益相关者？

②你们的关系有多牢固？

③你和谁的联系最紧密？

④你最喜欢或最不喜欢和谁一起工作？

⑤你觉得谁在工作中对你特别有帮助？

⑥谁在工作中激励你？

⑦你觉得谁是你工作中的好榜样？

⑧在你的工作角色中，你向谁提供支持？

⑨你想和谁建立更牢固的关系？

⑩你工作中最具挑战性、最复杂的关系是什么？

⑪你的工作对谁有影响（组织内部还是外部）？

⑫如何在同事中培养更强的归属感？

（3）何事？你是做什么的？

第三个问题的主题是"何事"。围绕这个主题的问题关注人们工作的任务和责任、他们喜欢或者不喜欢的工作方面，以及他们可以做出的改变。探索这种性质的问题通常会鼓励任务塑造。

12个与"何事"相关的问题：

①你最喜欢工作的哪些方面？

②你最不喜欢工作的哪些方面？

③你的优势是什么？你如何在工作中更好地发挥自己的优势？

④你最重要的任务和责任是什么？

⑤你对工作的哪些方面最有控制权？

⑥你对工作的哪些方面最没有控制权？

⑦你想改变工作的哪些方面？

⑧你工作中的哪些方面可以做得更好？

⑨你可以停止或减少哪些工作任务？如果这样做，会发生什么？

⑩什么样的支持或资源最有利于你更好地完成工作？

⑪有哪些机会可以减少工作的需求和挑战？

⑫如果你能尝试对自己的工作方式做一个改变，你会改变什么？

（4）何时？你什么时候工作？

第四个问题的主题是"何时"。许多（但肯定不是全部）工作都给予了人们一些何时完成某项任务或活动的灵活性。

我们的思维敏锐度和动机水平不会一成不变，它们会在一天中不断波动。我们的能力达到顶峰和低谷的节奏和时间也因人而异。每个人的昼夜节律以及相应的机敏度和能量水平都不同，因此，我们可能更适合在一天中的不同时间来处理不同的任务。人们探索并有意识地尝试在何时、以何种方式安排工作日的日程及时间，往往会带来任务塑造的机会。

12个与"何时"相关的问题：

①白天工作时，你认为自己的精力何时最充沛？

②白天工作时，你认为自己的精力何时最少？

③你认为一周中自己的精力何时最充沛？

④哪些任务可以让你灵活地控制执行的频率和/或时间？

⑤你如何组织规划你的一天？

⑥在为不同的任务和活动规划或分配时间时，你怎样才能更加谨慎？

⑦如果你尝试以不同的顺序来做你的工作，你会怎么做呢？

⑧你目前一天中何时休息，或何时安排了休息？

⑨你什么时候会有最好的点子？

⑩如果你能创造自己梦想的工作时间，它们是什么？

⑪你的客户或利益相关方在一天中的什么时候重视你的关注？

⑫你一天中何时受干扰最严重或最少？

（5）何因？你为什么工作？

第五个问题的主题是"何因"。询问我们做事的原因有助于我们深入了解自己工作的目的和价值，以及它如何与我们的个人信念相一致。这种性质的问题往往会导致认知或目的塑造。

12个与"何因"相关的问题：

①为什么你的工作对你很重要？

②你如何向别人描述你的工作？

③你的朋友和家人如何从你的工作中受益？

④你的工作对组织有什么好处？

⑤你的工作对组织内外的其他人有什么好处？

⑥你工作的目的是什么？

⑦你的工作如何为他人提供价值？

⑧你个人觉得你工作中的哪些要素最重要？

⑨你的工作如何与组织更广泛的目标联系起来？

⑩你会如何重构你对工作的思考和描述，以证明你的工作对他人的影响？

⑪你的工作如何与你的个人价值观保持一致？

⑫你最引以为豪的工作要素是什么？

（6）何处？你在哪里工作？

第六个也是最后一个问题的主题是"何处"。这些问题的重点是了解人们目前工作的不同地点，以及他们拥有、创造各种去传统工作环境之内或之外的不同地点工作的机会。而技术也让我们在不同的地方做所有工作或核心的工作部分变得越来越容易。

卡尔·纽波特（Cal Newport）博士坚信，我们在哪里工作、在哪里思考工作至关重要。纽波特博士是一位计算机科学家，著有《深度工作》（*Deep Work*）等书，该书论述了人们如何以及何时能做出最好的工作。他认为，人们在选择工作地点时应该慎重，因为在不同的地点工作可以让人们摆脱传统的工作惯例。而且，他提倡寻找新颖有趣的工作场所，因为这种场所不仅能减少办公室里日常琐事的干扰，还能产生视觉和感官刺激，激发新的见解和想法。例如，在开放式办公室里，你坐在办公桌前，打开手机，只需点一下就能收到电子邮件，这种工作方式可能并不是从事需要深度思考和集中精力的专注工作的最佳或最有成效的方式。

12个与"何处"相关的问题：

①你在哪里思考得最好？

②你在哪里感觉最具活力？

③你在哪里工作最专注？

④你和同事在哪里有过最好的对话和想法？

⑤你有机会在办公室的不同地方工作吗？

⑥你有机会在家或其他外部地点工作吗？

⑦你用什么工具以非面对面的方式与同事联系？

⑧如果你尝试在不同的地点工作，会选择哪里？

⑨如果你需要全神贯注、不分心地工作，你理想的工作地点是哪里？你希望身边还有谁？

⑩如果你想激发、创造新的想法，你理想的工作地点是哪里？你希望身边还有谁？

⑪你在多大程度上充分利用了灵活工作的机会？

⑫有机会可以在户外完成你的工作吗？

（7）找到正确的问题

询问这些探索性问题的目的是为人们赋能，鼓励人们对自己的工作进行更深入、更有意识和更不同的思考。并不是所有的问题都是相关的，而一口气回答完所有的问题也会让人筋疲力尽。

这些问题个人可以单独探索，也可以与同事或直线经理一起单独或分组探讨。当然，这些问题并不是详尽无遗的，应该加以调整，以反映个人的情况和兴趣。我发现，如果人们一次选择一个特定的主题来探索和关注，效果会很好。例如，一个对鼓励工作塑造感兴趣的团队可以每月选择一个不同的主题和相关问题进行探索，然后开展不同的个人或小组工作塑造试验，看看他们是否可以对其工作进行调整和改变，使其变得更好。

这些问题的相关性和引起的共鸣将取决于个人及其角色，但我已经学会不要对其相关的领域和主题做出假设。例如，在与呼叫中心员工共事时，我假设人们必须一直在固定的办公地点工作。然而，事实证明，该公司为人们提供了在家或在其他地方工作、打电话的灵活性。此外，团队还可以在办公室的不同地方休息、进行非正式的进度跟进谈话和召开团队会议。

2　创建引人入胜的工作塑造目标

产生让工作变得更好、更有意义、更个性化的想法，只是工作塑造的一部分。想法还需要转化为行动。对许多人来说，将想法转化为现实，管理失误和分心，找到精力、热情和奉献精神来完成（最好的）计划和意图可能都是挑战。

（1）为什么做出改变很难

做出改变很难。如果这很容易，我们都会像我们希望的那样健康、苗条、开明和精力充沛，新年计划的成功率将是100%，而不是40%。在工作中，我们将能够实现自己设定的目标，将注意力、精力和行为集中在对自己最重要的事情上，同时抵制其他人或我们自己制造的干扰和诱惑。不幸的是，生活并非如此。我们的大脑和生活充满了无益的、往往很难打破的习惯和惯例。

改变的过程总是缓慢的。我们在尝试新的工作方式，尤其是摆脱陈旧的常规时，通常会使用以前没有用过的技术或方法，因此需要练习和改进才能做好。当尝试新的改变时，我们经常会犯错误，有时这会让我们感到不安。

一位在政府部门工作的高级领导分享的故事很好地描述了尝试新事物所固有的"坎坷"。他想改变其团队会议的开始方式，不想像往常一样直接进入正题，而是想先尝试"签到"，以便给大家一个适应会议的机会，并培养团队成员之间的关系、联系，提高整体的沟通水平。他要求每个人回答的"签到"问题会随着时间的推移而改变，但都是基于诸如"你现在感觉怎么样？""你的注意力和焦点是什么？""你对什么心怀感激？"或者"你今天过得怎么样？"等问题。这位经理说，他第一次这样做的时候，他的团队成员看着他，就好像他被一个精神错乱、恶魔般的分身取代了一样。人们并不习惯在高度结构化、重点突出的会议上公开分享这些想法。但他坚持了下来，他说，第一个月的时候，这种"签到"感觉有点做作或不自然，但几个月后，这些感觉消失了，"签到"开始感觉像是标准做法了。随着时间的推移，人们对这个概念越来越熟悉，他们开始变得更加开放，感激它给每个人带来的声音以及它所促进的相互信任和联系的感觉。

除了需要克服弱点之外，做出改变还需要保持注意力、付出努力和消耗精力。不幸的是，这些是我们在工作日中最珍贵、最有限的商品。一项2019 年的研究调查了精力水平和工作塑造，研究发现，在工作塑造的短期努力和长期利益之间存在初始的权衡问题。正如研究人员阿诺德·巴克（Arnold Bakker）和维多·奥勒曼（Wido Oerlemans）指出的那样：

> 工作塑造可能需要一段时间，才能对工作投入和工作绩效产生有利影响，因为工作塑造本身就是一项艰巨的任务，最初可能会被视为额外的工作需求。

因此，与所有的改变一样，工作塑造会消耗精力（特别是在短期内）。认识到这一点有助于人们把工作塑造目标设计得更有吸引力，也更容易完成。

（2）设定引人入胜的目标的七个因素

幸运的是，目标设定和行为改变领域的研究已经非常成熟，而且有许多想法和策略可以用来最大限度地提高实现工作塑造目标的可能性。有七个因素对设定目标特别有帮助。

1）要引人入胜、清晰明确

这个过程的第一步是选择正确的目标。在充分了解工作塑造的不同类型和机会后，为了使自己的工作更加个性化，更有吸引力，人们往往有很多想法可以探索。而在众多选择中找到一个合适的想法是很困难的。我一般会鼓励人们选择这样的想法，即能最好地平衡个人的兴奋、好奇心与其潜在的影响、实用性和可实现性。

人们给自己设定的目标应该非常明确。对于你是否达到了目标，不应该有任何疑问或模糊之处。提高目标清晰度的一个方法是应用明线规则。从法律的角度来看，明线规则是指明确定义的法律或标准，当它们被违反时，很容易解释和明确指出。从设定目标的角度来看，明线规则是在具体目标和雄心抱负方面适用和遵循的规则。因此，举例来说，与其设定一个"给予他人更多感谢"的概括性的关系塑造目标，不如设定一个更明确的明线目标，即"每天关掉电脑之前给一位同事发一封感谢信"。以这种方式设定目标，你可以很容易地了解自己是否达到了目标；如果你哪天没有发感谢信就关掉了电脑，那你就没有达到目标。相比之下，如果你在向同事表达了感激之情后关闭了电脑，那么你可以带着微笑回家，因为你知道你已经达到了目标。

2）从小处着手

行为经济学、心理学和动机学等领域涌现出的一大批研究成果，以及咨询专家和从业者的发现和工作成果，都充分证明了将较大的目标分解为微小或微型目标的力量和终极好处。有很多理由可以说明设定小目标是有效的，可以让人们走上更大、更重要的变革之路。

第一，人们接近微型目标的心态是好奇和乐趣，而不是负担和绝望。无法实现目标的风险很小，因此人们倾向于试验更多的方法。

第二，设定微小目标的另一个好处是，大多数人都能抽出时间去实现微小目标。我建议人们设定用时5分钟或更短的目标，这比去厕所或沏杯茶所需的时间还短，这些都是我们所有人白天都有时间去做的事情。

第三，设定一个微观目标可以防止人们产生"目标狂热"、变得野心勃勃。不幸的是，人类并不能很好地预测我们实现自己设定的目标的能力；在工作坊和培训中，我们远离了办公桌前工作的需求和压力，往往会给自己设定一些不切实际的目标。我们未来的意图往往与我们当时的实际行为不符。当坐在温暖舒适的会议室里，一周三次跑步回家而不开车似乎是完全可以实现的。但在一天工作结束时，你感到身心疲惫，跑步回家就完全是另外一回事了。

第四，从小处着手的另一个原因与他人的看法和支持有关。我发现，如果团队成员要尝试的变化很小，管理者和领导更有可能认同试验工作塑造这个想法。员工专注于微小的改变，可以缓和人们对自己以不切实际、无法实现的方式塑造工作的担忧。

第五，找到微小的改变意味着工作塑造对于很多种工作来说都是可以评估和实现的。从表面上看，在呼叫中心或客服中心工作的人似乎没有塑造自己角色的自由或能力。但是当你只希望做出微小的改变时，塑造的机会变得更容易实现。有趣的是，我发现，在这些表面上固定或受监管的工作岗位上的人，在工作塑造上最有创造力，部分是因为他们是最渴望自主的人。

微小习惯的力量

斯坦福大学行为设计实验室主任福格（B. J. Fogg）博士强烈支持从小处着手，以鼓励和促成行为改变。福格博士是一位心理学家和研究人员，已从事行为研究20多年。他认为，实现更大、更大胆的目标的秘诀就是从小处着手。在微小习惯项目中，他鼓励人们从一个潜在的更大目标中寻找并努力改变最小的一面。例如，他建议那些想开始经常使用牙线的人，从每晚只使用牙线清洁一颗牙齿开始，或者那些想增强体格的人，从做两次俯卧撑开始。福格博士说，为了使这种习惯和惯例深入人心，与其每天晚上写20分钟日记，倒不如一开始就最多写1分钟，这样会更有效。从小处着手的重点是获得大量的成功（例如，能够做50次俯卧撑），这会让人们自动养成一个习惯，然后他们可以逐步在这个基础上再接再厉。

3）计划

计划虽然听起来平淡无奇，但对于支持和促进行为改变而言，却是强大有力的。心理学的研究结果一贯表明，通过制订计划，人们更有可能实现自己的意图和目标。与其简单地问别人的目标是什么，不如让他为如何实现目标制定路线图，包括在何时、何处以及如何实现目标，这才是更强大、更有效的方法。

一项对2008年宾夕法尼亚州民主党选举中近30万名参与者的研究表明，计划的动力非常强大。研究人员给三组不同的潜在选民们打了电话。第一组接到一个标准电话，提醒他们选举即将到来，并请求他们投票。第二组潜在选民被问及是否打算投票。最后一组受访者被问及何时投票，还被问及在投票前会做什么，以及他们从哪里来。实际上，最后一组人被要求制订了一个投票计划，他们把投票行动和当天的活动联系了起来。研究发现，第一组接到标准电话的人投票的可能性并不比没有接到电话的人高，接到电话对他们的投票行为没有影响。询问人们是否打算投票（第二组）的影响非常小，只有2%左右。而提出以规划为导向的问题最有效，第三组投票的可能性增加了4.1%。结果发现，在只有一名选民的家庭中，这种影响更为强烈和深远。这些人因为计划导向的电话而投票的可能性增加了9.1个百分点，这可能是因为他们拥有现有计划的可能性最小。

4）运用提示、习惯和惯例

如果人们把新的习惯和行为融入现有的常规行为中，他们就更有可能采用这些新的行为习惯。做一些全新的事情需要花费时间和精力，需要有足够的动力。当然，首先需要人们记得去做这件事。因此，新的目标可能无法长期持续下去。

将新的目标与现有的习惯和惯例联系起来，会减少实现新目标所需的有意识的控制和努力。在工作场所，人们可以想办法将工作塑造融入现有的工作方式中。例如，如果有人设定了一个任务塑造目标，即在投入工作之前计划自己的一天，并确定想要完成的关键任务，那么他可以把早上刚来就坐在办公桌前作为其目标的提示或线索，提醒自己去打开日历，写下自己希望在一天结束前取得进展或完成的两三个关键的工作。而不是刚来就打开电脑，一头扎进他的电子邮件里（这听起来熟悉吗？）。同样，如果有人想要捕捉每天工作中最有成就感的方面，那么他可以在汽车座位上放一本日记作为提醒，或者把坐在公共汽车上作为一个提示，提醒自己去拿一本日记或记事本。

5）使用奖励

奖励是鼓励和巩固行为改变的积极而有效的方式。它们可以满足我们的渴望，并自然地产生多巴胺，让我们感觉良好。这些奖励不一定是新的或新奇的，它们也可以是你现有生活的一部分。例如，奖励可以是你今天的第一杯咖啡、看看社交媒体、休息一下或者打开电脑。我鼓励人们体验不同的奖励，看看什么可以激励他们。对于那些关注自己的健康和幸福的人来说，抵制酒精或高热量的奖励是有益的。如果你想长期使用奖励的话，那就更要远离酒精和高热量食品了。

做了某件事后获得奖励这一概念的一个意外进展是诱惑捆绑。诱惑捆绑将奖励与目标活动或任务相结合。例如，研究人员对那些想在健身房坚持定期锻炼的人进行了测试。他们将锻炼与参与者感到兴奋或刺激的事情结合起来，比如听一个惊险故事的有声读物。研究发现，那些只能在锻炼时听故事的参与者，去健身房的频率比对照组高51%。如果将诱惑捆绑应用到工作塑造中，那么人们可以将新的目标活动与自己的乐趣或认为值得的东西捆绑在一起。例如，有些人想要把车停在离办公室一英里（约合1.6千米）的地方，以便步行上下班，那么他们可以把这个目标与听自己最喜欢的播客、有声读物或音乐结合起来。如果你的目标是挤出时间与同事交流，那么不妨与同事去本地的咖啡馆吃午餐，或者准备一些自己最喜欢的东西，与同事共进午餐。

6）让他人参与进来

在追求目标时，如果我们也对其他人负责，那么我们更有可能成功地实现自己的目标。实际上，当我们与他人共同追求某个目标时，我们更有可能实现它。让他人参与进来，我们是在让他人帮助自己取得成功。通过公开分享目标，我们在创造社会期望，并发挥我们天生渴望展示自己的能力和成功的内驱力。关于责任的研究一直表明，与他人共享一个目标会大大增加一个人成功的机会。从工作塑造的角度来看，我们鼓励人们与同事共享目标，并就如何保持联系制订一个承诺计划，可以包括通过电子邮件或即时通信、每周一次的快速电话聊天或咖啡聊天（如果工作地点相距很近）来保持联系。这不仅能激励人们坚持目标，还能创造机会，获得同伴的指导和支持，同伴还可以分享关于坚持目标或调整目标的建议和想法。

另一种从他人身上获益的方式是利用团队的力量。与单打独斗相比，人们往往能够更有效地以集体形式朝着一个目标努力。这就是基于团队的健康饮食或减肥计划如此成功的原因之一。一项针对减肥者项目的随机对照研究发现，与独自减肥的人相比，集体减肥的人减掉的体重几乎是前者的两倍。正如行为科学专家欧文·斯温（Owain Swain）和罗里·加拉格尔（Rory Gallagher）所报告的那样，类似的方法可以在储蓄领域产生良好的效果。与个人相比，成立储蓄团队并公开承诺目标的人所储蓄的金额翻了一番。即使当个人被给予例如更高的利率等储蓄激励措施时，情况也是如此。

具体就工作塑造而言，利用团队力量的一个有效的方法是举办工作坊或会议。在这些会议中，人们会向团队宣布他们将对其工作方式做出的改变。我发现这很有效，原因有三。首先，它激发了人们的动机，因为人们要对其他人负责。其次，分享故事让人们分享想法，并挖掘他人的智慧、经验和热情。最后，了解到其他人也在塑造他们的工作，可以激励和鼓励人们去完成自己的个性化工作计划。

7）进行事前剖析

在医学上，验尸（post-mortem）是指检查身体以确定死亡原因。在项目管理和产品开发中，事后剖析（post-mortem）和总结通常是指在特定活动完成后，来回顾和探索该活动的成功、失败和经验教训。此类方法非常有助于促进和巩固学习，但问题是，当项目已经交付或在回顾目标、目的时，人们才会有这些深刻见解。但是，我们不需要等到出现问题或项目失败时才去处理潜在问题。在开始一项新的尝试之前，人们可以运用事前剖析（pre-mortem）的方法来产生见解，并制定克服已知障碍的战略。艾特拉斯（Atlassian）和麦肯锡（McKinsey）等公司都鼓励使用事前剖析方法，并且研究人员已将其认定为一种有效的管理策略。

在一个项目或计划开始之前，或者一个目标确定下来之前，就应该进行事前剖析。它鼓励并促使人们探索为什么他们或他们的团队可能无法实现自己期望的结果和目标，并找出所有可能的障碍。事前剖析要求个人或团队去预测未来，设想一下自己的项目失败了，或者没有达到既定的目标，然后探索并找出所有可能导致这种负面结果的因素。在风险发生之前对其进行设想和识别，可以让团队远离风险。事前剖析还可以减轻人们对新项目或目标的成功过于自信的自然倾向。它也给了人们一个声音和机会来表达他们所看到的担忧或局限。

从工作塑造的角度来看，我鼓励人们去探索为什么他们可能无法实现自己的既定目标。人们经常会发现的障碍包括：克服、打破领导和同事对如何承担一个角色的"传统"期望；僵化的结构和政策；以及更多的个人因素，包括缺乏时间、精力和整体动力等。在可能的情况下，我会让人们列出他们解决或克服特定障碍的方法。例如，一个障碍可能是缺乏管理者的支持。改善这种情况的一种方法是将一个想法作为一个短期试验，而不是一个永久的改变，并且要具体说明这个塑造想法将如何有益于个人，如何有益于团队。

3　工作塑造目标模板

我制定了一个特定的目标设定模板，以供参与者在我的工作塑造工作坊中使用。该模板建立在我们在本章中探讨的心理学和行为学研究的基础之上。具体来说，我要求参与者在制定和致力于实现自己的工作塑造目标时考虑六个不同的因素：

1）目标——我的工作塑造目标。尽可能清晰简洁地写下工作塑造目标是什么，写得越清晰、精确越好。把你的目标定得小一点，使其可以在每天少于10分钟，或每周少于1小时的时间内完成。

2）重要性——为什么这个目标很重要？阐明设定工作塑造目标的原因。回答这个问题让人们去思考为什么这种改变对自己来说很重要，并激发人们的内在动机，改变人们的价值观念。

3）触发因素——我的触发因素是什么？记下任何与工作塑造目标相关的触发因素。这些触发因素是生理或心理线索，促使人们养成工作塑造的新习惯。

4）障碍——潜在的障碍是什么？这要求人们思考他们所设定目标的实用性，以及可能阻碍人们实现目标的各种障碍和阻力。

5）奖励——我该如何奖励自己？记下你打算如何认可或庆祝目标的实现。任何事情都可以作为奖励。比如，泡一杯咖啡，休息一下，表扬一下自己，看看社交媒体等。最终，参与者需要确定对他们有意义的奖励。

6）责任——我该向谁负责？我要怎么与对方联系？我要求参

与者确定一个责任伙伴，并与他分享自己的目标。要求人们考虑如何与对方联系可以让人们开始制订计划，并找到说话交流的机会，从而提高实现目标的可能性。

目标设定示例 1

向他人表达感谢

苏是一名客户服务经理，她想花点时间来肯定自己工作中积极的一面。她还希望其他人能知道她重视他们的努力、才能和技能，而且，她还希望鼓励人们养成向他人提供积极反馈的习惯。因此，她决定给自己设定一个工作塑造目标，即更多地向别人表达感激之情。通过一一核对工作塑造目标模板，苏可以更具体、更仔细地思考她的目标：

目标——每天通过电子邮件、电话或亲自向一位同事表示感谢。

原因——我重视他人的贡献，也知道工作时我们是一个团队。感谢别人让我感觉很好，让别人感觉也很好。

触发因素——我会在记事簿上设定一个提醒，提醒我每天16:30发一封感谢信。如果那天我没有找到机会说谢谢，看到提醒后，我就会去感谢同事。

障碍——有几天可能没有明确的机会和值得感激的事情。在这几天，我会思考在我的工作中一些我重视和感激的更广泛的好处。

奖励——我得到的奖励是通过向别人致谢而获得的良好感觉。在一天结束之前，我做了一些积极的事情，这也会让我在下班时有一个良好的心态。

伙伴——我的伙伴是我的生活伴侣。一起吃饭的时候，我会告诉她那天我感谢了谁。

目标设定示例 2 _____

学习更加基于证据的决策

迈克尔是一名人力资源经理，他很想知道如何为人力资源部门引入一个更加基于证据的决策过程。起初，他的工作塑造目标是每周花1个小时阅读，研究这一概念，以便在即将到来的休假日为人力资源团队安排一次相关会议。他知道在时间紧迫的情况下，最先放弃的就是这一事项，因此，他并没有一次性地用1个小时来完成任务，而是决定每天早上花10～15分钟阅读、研究文章，并通过推特和领英与相关人士联系。

目标——每天一早花15分钟研究和编辑有关基于证据的学习的信息，然后思考它是否可以在我们的团队中实施，以及如何实施。

原因——我个人对此很感兴趣，我想拥有更多的知识和技能。此外，从我目前所了解的内容来看，我认为这种方法对于团队和整个组织来说都是有价值的。

触发因素——在每天早上打开电子邮件之前，我会花10～15分钟（我会计时）阅读和研究文章。

障碍——有时候，我可能会忘记或忙于另一项紧急任务。我会在电脑旁边贴一张便利贴来提醒自己。如果当天我没有时间，我会尽量把研究安排在别的时间，或者只是跳过这一天，下次有机会再继续研究。

奖励——我对学习和发展真的很感兴趣，所以我的奖励是获得的知识，以及在一天开始前就完成某件个人感兴趣和重要的事情的满足感。

伙伴——我的伙伴是我的直线经理，我会在我们的一对一会议上向她汇报最新情况。

目标设定框架不一定是一个清单，你不必完成每个阶段的任务。但是，相关研究和我的实践经验表明，你思考和解决的因素越多，你成功实现目标的可能性就越高。

工作塑造示例

在分享工作塑造目标模板时，人们经常会询问别人设定的塑造示例。下面列出了一些工作塑造活动的例子，根据我的经验，人们可以用每天不到10分钟或每周不到1小时的时间来完成这些活动。我鼓励人们将这个列表视为示例和提示，以促进人们制定自己的目标，而不是简单地复制或选取某些例子为己所用。工作塑造的力量和效果来自个人创造自己的目标，而这些目标又可以引起个人的共鸣和理解。

微型工作塑造示例

"任务+技能"塑造

- 每天做一些让同事受益的事情。
- 提出改变系统或流程的建议。

- 志愿参加一个新的项目。

- 读一篇文章或研究一个话题。

- 改变工作地点来完成工作的不同部分。

- 以不同的方式执行常规任务。

关系塑造

- 与同事当面交谈，而不是给他们发电子邮件。

- 了解一个团队成员的新情况。

- 参加或发起一个团队活动。

- 和工作上的朋友一起吃午餐。

- 跟随一个同事学习1个小时。

- 练习积极倾听，加深与他人的联系。

目的塑造

- 进一步了解你正在帮助的人或你的客户。

- 探索你工作的更广泛的组织目标。

- 探索你的个人价值观，以及这些价值观如何与你的工作保持一致。

- 记录你工作角色产生的影响。

- 每天想想你帮助过最多的人。

- 跟进过去帮助过的客户或同事，探索你的工作是如何帮助到他们的。

幸福塑造

- 举行一对一步行会议。

- 每天走楼梯而不是乘电梯。

- 带上健康的办公室零食。
- 要有意识地把工作分成若干小块，并留出休息时间。
- 充分的午休时间。
- 每周一次把车停在离工作地点一英里远的地方，再步行上下班。

4　让工作塑造的习惯持续下去

我在讨论设定目标时会经常问，大家认为养成一个习惯需要多长时间。人们最普遍的反应往往是沉默，也有些人会分享他们读过或听过的东西，说要花21～30天才能形成习惯。这种说法似乎已经在我们的日常媒体上广为流传，但就像每天需要走10000步才能保持健康一样，其背后没有实证支持。这是糟糕的科学。事实上，与流行的观点相反，没有特定的天数或者神奇的重复次数会导致习惯的形成。我知道这样解释毫无帮助，但是，养成习惯所花的时间受许多因素的影响，包括动机、新行为的规模和来自他人的社会支持等。菲利普·拉利（Phillippa Lally）博士和她的同事们在《欧洲社会心理学杂志》（*European Journal of Social Psychology*）上发表了一项研究报告，旨在调查养成一个新习惯或惯例需要多长时间。他们对96名参与者进行了为期12周的跟踪研究，这些参与者尝试养成新的行为和习惯，包括午餐时喝一瓶水，以及每天晚饭前跑步15分钟等。研究人员发现，参与者平均需要两个多月，确切地说是66天，才能报告自己的新行为变成自然的惯例。

事实上，工作塑造的改变不会在一夜之间成为习惯，它们需要不断地强化和练习。新的工作方式和思考方式可能需要几周甚至几个月才能成为常规。为了在工作塑造过程中提供支持和鼓励，我建议那些在团队中制定了工作塑造目标的人团结起来。分享经验和他人的鼓励可以为人们提供动力，使人们能够调整或坚持个性化定制自己工作的计划。

5 结论

工作塑造分为两步，首先确定你想做的改变，然后付诸实践。这两个步骤不总是简单易行的，但幸运的是，我们可以使用一些已知的步骤和技巧来增加我们成功的可能性。探索不同主题（何人、何因、何事、何时、何处、何感）的关键问题可以帮助我们确定自己想要塑造、定制的不同工作部分。严谨而清晰地设定微小和明确的目标、让他人参与进来，以及设定明确的奖励都会增加成功的可能性。

除了举办工作坊和设定工作塑造目标之外，组织还可以通过许多其他方式来有意支持和帮助人们塑造工作，或者更广泛地定制和改造他们的工作。我们将在下一章探讨这些问题，并概述组织如何鼓励将工作塑造视为一种心态，即改进和创新工作方式是一项持续不断的努力。

要点

- 关键的、以指导为重点的问题可以鼓励人们思考自己目前如何处理工作、重视工作，能够激发工作塑造的想法、创造工作塑造的机会。

- 激发思考的六大问题主题是何因、何感、何事、何人、何时、何处。

- 明确自己努力的目标，从小的改变着手，有助于人们成功地塑造工作。

- 有效的工作塑造目标包括六个部分：建立明确目标、探索其重要性的原因、确定触发因素、探索障碍、明确奖励以及寻求社会支持。

- 要想让工作塑造成为一种习惯，需要花费大量时间和精力。

- 工作塑造成为习惯所需的时间受以下因素影响：改变的大小、个人动机和组织支持。

关键问题

- 人们多久有机会考虑一些或任何一个本章概述的问题主题？

- 是否有任何具体问题与你个人相关，或者与你公司里的人相关？

- 组织的目标设定方法是什么？人们在设定和实现有意义的目标方面有多有效？

第三部分

鼓励

第七章 鼓励工作塑造的练习和活动

1 鼓励工作塑造

工作塑造的棘手之处在于你不能强迫执行。就其本质而言，工作塑造必须由个人或团队主动实施。这就像园丁去播种种子一样，他不能强迫种子发芽。幸运的是，虽然不能控制它，但是园丁可以利用大量的知识和指导来确定最有利于种子生长的温度、土壤和光照条件。同样，如今已有很多工作塑造的练习、工具和活动来帮助个人、团队和组织将这一概念付诸实践。

本章将概述七种不同的练习，这些练习支持和鼓励工作塑造的讨论，并为人们创造机会来调整、塑造和个性化定制他们的工作方法。这些练习和工具的总结见表7.1，之后会逐一探讨各个练习。

表 7.1　支持工作塑造的练习和活动

练习	重点	形式
工作塑造练习和工作坊	向人们介绍工作塑造的概念、工作塑造的方式，以及工作塑造目标的设定	小组或团队；与直线经理或指导员一对一交谈；单独进行
能量映射	探索人们感到振奋和疲惫的不同工作方面，以及他们在这些活动上花了多少时间	小组或团队；与直线经理或指导员一对一交谈；单独进行
工作画布	揭示工作的核心价值，勾勒出工作的不同维度和要素	小组或团队；与直线经理或指导员一对一交谈；单独进行
最佳未来工作自我	探索员工的最佳未来工作自我，并以此为动力来确认成长和发展的机会	小组或团队；与直线经理或指导员一对一交谈；单独进行
塑造对话	积极的一对一对话，探索如何个性化定制工作并使工作变得更好	与直线经理或指导员一对一交谈
探索和运用优势	发掘和探索个人优势，以及如何在工作中运用和放大个人优势	小组或团队；与直线经理或指导员一对一交谈；单独进行
团队塑造	为团队成员创造机会，以协作和集体的方式塑造和交换工作，增加或减少他们工作的不同部分	小组或团队

（1）工作塑造练习和工作坊

鼓励工作塑造的最直接方法就是围绕工作塑造来召开会议和活动。简单地说，就是要为人们创造探索自己如何工作的空间和机会——他们把时间和精力花在哪里、他们在哪里找到意义、他们完成了哪些任务和活动，以及自己与他人的互动。工作塑造工作坊为人们提供了发掘个人价值、激情和优势的知识和工具，让他们思考如何放大这些价值、激情和优势并将其应用到工作中。

1）工作坊的内容和结构

在澳大利亚墨尔本举行的2019年世界积极心理学大会上，我应邀发表演讲，分享了我在设计和提供工作塑造工作坊方面的经验。我和马西德·（玛吉）·范登赫费尔博士［Dr.Machteld（Maggie）Van den Heuvel］共同主持了这次会议，她是第一份公开发表的工作塑造干预研究论文的主要作者。范登赫费尔博士不仅是工作塑造方面的权威学者，她还为组织提供咨询，并支持组织介绍、鼓励和评价工作塑造工作坊。虽然玛吉和我在不同的国家工作，面对不同的受众，但在讨论方法时，我们发现我们工作坊的核心框架和内容是相似的。我们在2019年世界大会上分享的会议内容的高度概括见表7.2。

表 7.2 "标准"两小时工作塑造介绍工作坊概述

章节	内容
什么是工作塑造？	• 工作塑造的不同类型 • 工作塑造的不同规模 • 工作塑造示例（适用于该组织的示例）
为什么要塑造工作？工作塑造的需求与证据	• 工作塑造对组织的好处 • 工作塑造对领导者的好处 • 工作塑造对个人的好处

（续）

章节	内容
小组探索	• 参与者之前塑造过工作吗？ • 他们认为工作塑造的好处是什么？ • 他们认为工作塑造的缺点是什么？ • 有哪些组织障碍？如何克服它们？
如何塑造	• 鼓励工作塑造的不同策略 • 工作塑造的各种想法
设定一个（小的）工作塑造目标	• 设定一个（小的）工作塑造目标 • 与其他参与者分享和讨论目标

我举办工作坊的目的是让人们有信心、有勇气、有激情地积极尝试和探索工作塑造。我对人们是否完全理解工作塑造概念的衡量标准是，他们是否感到自信、是否能够向朋友或同事解释这一想法。在探索工作塑造时，我会请人们分享他们之前可能进行过工作塑造的例子（通常他们并没有意识到自己曾在塑造工作）。在邀请人们制定工作塑造目标时，我通常会建议他们做一个小的改变，每天花不到10分钟，或每周花不到1小时就可以完成的小的改变（我们在第六章中探讨过原因）。

为了评估工作坊的工作是否成功，我会请人们做一份工作塑造问卷。我通常会将问卷作为工作坊后续工作的一部分，在1个月、3个月和12个月后再次发送问卷，以捕捉和了解人们是否进行了工作塑造，以及他们在工作中是如何运用工作塑造的。

通过分析我们公司收集的数据，我们发现，迄今为止，86%在定制思维工作坊学习过工作塑造的人都在工作中积极应用和尝试了这一概念，这高于培训课程的约为30%～60%的典型学习迁移率。

有趣的是，其他工作塑造指导员和培训师也报告了类似的结果。在某种程度上，我认为产生这种现象的原因是，人们很好奇如何把自己的工作做得更好，以及如何在工作和个人之间创造更好的契合感。

2）工作塑造的其他干预措施

除了我所概述的一般方法之外，还有许多其他方法来鼓励以结构化、非正式的方式进行工作塑造。

需要注意的一个具体干预措施是由贾斯汀·伯格（Justin Berg）助理教授、简·达顿（Jane Dutton）教授和艾米·沃兹涅夫斯基（Amy Wrzesniewski）教授于2008年开发的工作塑造练习。最后两个名字可能听起来很熟悉，因为她们在其2001年的研究论文中首次对工作塑造进行了描述和定义。许多工作塑造干预研究都使用了这个工作塑造练习。

工作塑造练习是一项可视化的交互式活动，涉及多个阶段。首先，个人完成自己工作的"练习前草图"，目的是了解他们目前如何将时间和精力花在其工作的一系列任务上。其次，根据自己在哪里花费的时间和精力最多，将各个任务分配到三个不同的"任务块"中。再次，参与者创建一个"练习后草图"，勾勒出一个理想的工作角色。最后，创建一个包含明确的短期和长期目标的工作塑造行动计划。

3）鼓励参与

我个人认为，应该鼓励员工参加工作塑造培训，但绝不能强制要求参加。从定义上来说，工作塑造是一种主动的行为，必须由个人自己来驱动。因此，它不是可以强制执行的事情。类似地，工作塑造目标不能由同事或直线经理创建并"交给"个人。工作塑造的本质在于它是由员工驱动的，因此需要由员工个人来创建和塑造目标。

如果人们对工作塑造培训或者任何相关培训都不感兴趣或者不能参加，我希望领导者至少能好奇为什么会出现这种情况。这可能是因为人们对自己有信心、认为能够塑造自己的工作，或者对自己目前的工作结构感到非常满意，又或者他们认为这个概念或会议不会对他们的专业有所帮助。这些都是合理而明确的解释。不过，还有其他一些不太明显的原因也是值得考虑和排除的。比如，可能是因为管理者害怕工作塑造，便有意无意地劝阻同事不要参加会议，或是员工没有时间、精力和动力去参加会议。工作负担过重的人并不总是容易被发现，但正是这些人能发现工作塑造的特别价值。如果可能，应以最适当的方式识别和解决这些潜在的障碍。例如，对经理进行（进一步）教育，以及采取积极措施来应对工作量的挑战。

（2）能量映射

人们自然知道工作中的哪些活动和任务会点燃自己的热情，而哪些会消耗自己的能量。我与个人进行的一项练习（也可适用于团队），要求人们列出10～15项自己工作中核心和重要部分的关键活动，并思考自己付出或得到多少能量。对此，我建议参与者使用从−10到+10的通用评分标准。绘制了能量水平后，我要求人们思考他们在不同任务上花费了多少时间。如果人们有便利贴和白板，或者胶带和墙壁，那么他们就可以把自己的能量、时间投入和支出绘制在图表上（图7.1）。这种映射练习让人们思考并看到他们在任务上花费的时间与他们的能量负荷之间的相互作用。

　　如果人们能够将自己的结果绘制在图表上，那么我鼓励他们特别关注两个区域。第一个区域位于左上角（图7.1中高亮显示），这个区域反映的是人们花费了大量时间，但会消耗或减少能量的活动。这些任务会对人们的工作享受度和参与度产生重大影响。我建议人们思考一下，这些任务的哪些部分会消耗自己大量的能量，以及是否有机会塑造或改变这些方面。例如，他们可以改变活动的物理要求（任务塑造）、学习执行任务的新方法（技能塑造），或者探索任务的目的和价值（目的塑造）。

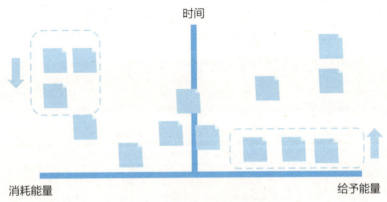

图 7.1　时间和能量任务图

时间和能量任务图中需要特别考虑的第二个区域位于图表的右下角。这些任务代表着潜在的隐藏宝藏。人们无须在这些活动上花费太多时间，但是这些活动能够给自己带来能量和快乐。我鼓励人们探索这些活动的哪些部分给予了自己能量，并思考是否有方法可以在工作中更多地做这些活动，或者扩大和发展这些活动。

通过讨论和思考，这个练习能让个人考虑他们当前对个人时间和精力资源的分配，以及有哪些机会来塑造和改变这些资源，以最大限度地发挥自己的精力，并满足他们对控制感、积极的自我认同和与他人联系的需求。

能量映射案例研究

耗费时间和精力的新闻简报

贝塔尼是一家公司的内部沟通负责人。她做了能量映射练习之后指出，自己发现每月为公司编辑内部新闻简报的任务耗费了自己大量的时间和精力，这也开始成为她惧怕的事情。她认为寻找新闻和故事是一项挑战。而且，她越来越不确定新闻简报本身的价值和相关性，特别是它的读者，以及人们的兴趣点。随着时间的推移，她对新闻简报的态度发生了变化。当她第一次加入公司时，她真的很喜欢收集故事和新闻，部分原因是当时她自己仍然在不断地了解公司。

通过问一些如何以不同方式完成任务的问题（基于第六章中概述的问题），她确定了一些方法来重新设计或为编辑新闻简报重新注入活力的活动，使其更有意义，更有启发性。贝塔尼的一些想法是：

- 成立一个新闻简报焦点小组，以了解新闻简报的价值（目的和关系塑造）；

- 编制一份调查问卷，以收集对新闻简报的看法（目的塑造）；

- 学习如何使用内容管理系统的分析功能来查看不同文章的点击率，以了解同事们最感兴趣的领域，以及是否有人们不感兴趣的固定项目或信息（技能塑造、目的塑造）；

- 为新闻简报寻找新的内容和想法，包括每月采访一位不同的员工（关系塑造、任务塑造）；

- 重新设计新闻简报的布局（任务塑造、技能塑造）；

- 让整个组织的其他人员参与新闻简报的编辑和内容创建（关系塑造、任务塑造）；

- 探索对新闻简报新的、不同的替代方案，以促进信息共享，鼓励更广泛的交流（技能塑造、任务塑造）。

在5分钟的头脑风暴结束时，贝塔尼已然对如何更新新闻简报感到非常兴奋。这项练习让她意识到，虽然她对自己过去完成这项任务的方式感到厌倦，但是她仍然认为与整个组织的人交流和接触非常重要。

能量映射案例研究（续）

提供培训

本是一名人力资源专员，他利用能量映射练习找出并探寻自己喜欢的人力资源工作领域，但是此前他未能找到将其融入自己工作角色的方法。

通过能量映射练习，本发现他最喜欢做的事情之一就是提供培训。提供培训不是他的工作要求，也是他很少花时间做的事情。但最近几次支持培训课程的经历表明，提供培训既是他真正喜欢的，也是他擅长的事情。他特别喜欢思考培训设计，也喜欢用培训将他支持的不同业务部门的人聚集在一起。通过思考和与他人讨论，本找到了一些方法来巧妙地塑造自己的角色，以便在现有经验的基础上创造提供培训的新机会。其中包括：

- 自愿支持公司的学习和发展团队来提供相关的人力资源培训课程，提供一些自己的专业知识和见解（任务塑造、关系塑造）；

- 自学引导技能、培训设计，以及发展方法和战略（技能塑造）；

- 为自己支持的业务部门开发培训课程，以帮助他们处理所面临的具体问题。例如，对如何开展绩效讨论、管理绩效等方面进行再培训（任务塑造）；

- 每月举行人力资源开放式会议，将整个企业的经理们聚集在一起（任务塑造、关系塑造）。

（3）使用工作画布

传统的职位描述一经制定，就很少被经常提及。一份工作规范充其量只是用来宣传新的职位，然后在绩效讨论或晋升评估时再谈一下而已。呈现和表示工作的另一种方式是工作画布。

工作画布是一个动态的文档，它鼓励人们考虑其工作角色的核心价值，并确定受自己影响，以及那些影响自己的人员和流程。工作画布（表7.3）最初是为了定义个人角色而开发出来的，但是它也被职能团队和项目团队用来描述和概述他们的工作范围。通常，制定每项工作的粗略大纲需要15分钟至20分钟，完成详细的工作概述需要20分钟至40分钟。

这个画布使用的是由亚历山大·奥斯特瓦尔德（Alexander Osterwalder）最初开发的商业模式画布的结构，但是标题已经改变了。更多关于最初商业画布的细节可以在Strategyzer.com找到。

我开发工作画布有两个关键目标。首先，它是一个可以快速方便地进行更改和更新的文档，方便人们保存他们所做工作的"实时"记录，这有助于人们保持工作重点和目标，有助于推进关于工作方向的一对一讨论和团队讨论。其次，工作画布有助于人们认识到其工作或工作角色的核心（或者DNA）。画布鼓励人们不要仅将工作视为一系列的任务和活动，要看到画布可以为个人和团队释放工作塑造机会，帮助人们创造新的方式来塑造或改变工作的各个方面。

有趣的是（至少对我而言），两个表面上有着相同工作角色的人可能会创作出两个不同的工作画布。例如，一个人力资源业务伙伴可能会将自己支持的职能部门的高级领导视为他们的关键和主要客户，而其他人可能会认为他们所支持的职能部门内的所有人都同等重要。同样，正如我们在第三章中看到的，艾米·沃兹涅夫斯基和简·达顿发现，尽管医院清洁工们的工作角色相同，但他们对自己工作的价值和意义的描述却大相径庭。如果要求这些员工完成一个工作画布，你可以在"价值""关键客户"和"关键可交付成果"列中看到不同的内容。重要的是，人们如何完成画布是没有对错之分的。不过，人们完成画布的方式可能会启发经理和同事，让他们了解每个人可能如何看待或感知自己的角色。例如，一位经理可能会想，为什么一位同事在支持某些客户上花费的时间比其他客户多很多，而这可能只是因为这位同事认为这些客户更重要或更有意义。完成工作画布将对此有所启发。

表 7.3　工作画布

重点活动 你的重点任务和活动是什么？	核心资源 你需要什么设备或资源？	核心价值 你提供什么核心价值？ 你解决什么问题？ 这个角色为什么要存在？	服务标准 你的客户期望什么标准？	关键客户 谁是你的关键客户和利益相关者？
	人与伙伴 你依靠什么团队或个人来完成工作（内部或外部）？		联系渠道 你使用什么方法或渠道与客户互动？	
优势与技能 需要哪些优势和技能？		关键可交付成果和关键业绩指标 你的关键可交付成果是什么？ 你如何获取价值？		

来源：工作画布是商业模式画布的衍生物，商业模式画布可以在Strategyzer.com找到。工作画布采用了其结构，但已更改主题。

（4）探索最佳的未来工作自我

促进人们思考工作的一个强有力的方法是让他们展望未来。具体来说，研究表明，要求员工探索积极的未来工作自我有助于开阔他们的视野，使他们对进步和成长的机会更加欢迎并能妥善处理，在职业规划和发展中更加积极主动。未来工作自我是能够反映个人对未来工作的希望和抱负的自我。

科廷大学变革性工作设计中心主任莎伦·帕克教授（我们之前探讨过她的研究）和同事们一起研究了拥有一个明确的未来工作自我可能具有的意义和影响。事实证明，未来自我的形象越成熟清晰越好。正如她向我解释的那样，"对未来有更清晰、更可评估和更突出愿景的人，往往会采取更积极主动的职业行为。比如，设定目标、发展技能和能力，以及追求新体验等"。帕克教授认为，产生这种联系的部分原因是，未来工作自我的显著形象可以成为巨大的激励资源。

对未来工作自我有一个清晰的印象，能够促进并鼓励人们在工作中做一些他们可能没有勇气或信念去尝试的事情。帕克教授解释说，如果不了解这对他们未来有什么好处，人们可能不愿意主动改变自己的工作，尤其是如果他们觉得这很困难或具有挑战性的话。帕克教授举了一个相关的例子，着重阐述了她的一些博士生面临的挑战："对于内向的人来说，建立人际关系和在会议上发表演讲是一件可怕的事情。他们宁愿待在酒店房间里，也不愿在会议上主动创造机会与其他研究人员建立联系。"这些恐惧可以通过让学生探索和创造一个清晰显著的未来自我来缓解或克服。那些视自己为知名学者和研究人员的学生很快就会意识到，他们未来的职业生涯将涉及各种各样的人际关系和合作伙伴关系。帕克教授继续说："知道这些关系将是未来的一部分，可以激励学生更积极地寻找机会与他人会面。例如，他们知道，在会议上建立人际关系或发表演讲，是其在职业发展上朝着自己想成为的人和目标自然而然迈出的第一步。"更关注未来的发展式对话也能为人们创造一种强烈的刺激，从而塑造和个性化定制自己的工作。正如她所解释的："当询问别人的职业时，你实际上是在要求他们思考他们的未来工作自我；通过创造一幅清晰的未来工作自我的画面，你在创造刺激和机会让人们思考：我该如何塑造我的工作，来成为我的未来工作自我。"

当然，不是每个人都能获得自己梦想的工作或角色。许多不同的外部和内部因素可能意味着人们不能，甚至可能不想被任命到年轻的自己梦寐以求的职位。出于这个原因，帕克教授建议，人们应尽可能对未来养成更加丰富的"多维"观点，认识到许多不同的职业发展轨迹和工作机会。正如她告诉我的那样，如果人们把自己未来的目标设定得过于具体，可能会让一个人目光狭窄、不考虑其他机会，并增加负面情绪的风险。例如，如果他们高度具体的未来未能实现，他们就会有挫败感。

对于领导来说，一个关键的收获是，如果员工能把职业对话的焦点从当前和近期转移开来，更多地关注于探索更长远的志向抱负，并对未来工作自我形成愿景，那么他们就会受益良多。相关的练习和活动包括描述你未来工作自我的心理和身体情况，并探索

"你未来生活中的一天"是什么样子的。研究发现，这些有趣的方法在吸引人们注意力和拓宽人们视野方面特别有效。

（5）塑造对话

经理和团队领导可以鼓励员工，并为员工创造空间来思考如何让自己的工作变得更好。经理可以通过非正式的询问、传统的一对一谈话或以发展为重点的会议，鼓励员工思考他们可以改变或调整的工作部分，以创造更符合他们个人热情、才能和优势的工作。

领导可以与员工讨论如何让他们的工作变得更好，并积极鼓励员工做出改变，看看这些改变是否能对自己和他人产生积极有益的影响。第六章提供了一些可以促进讨论的问题，而且团队领导可以通过提以下这些问题来帮助扩展工作塑造的想法。

任务塑造

- 怎样才能让你的工作变得更好？你需要做什么？你需要哪些支持？

- 在一个理想的世界里，你会在工作的哪些方面做得更多？你会少做什么？为什么？

技能塑造

- 你最有兴趣进一步发展哪些技能或扩充哪些知识？为什么？

- 10年后，你的理想的工作是什么？在公司内部还是外部？为了实现这一目标，你需要进一步发展哪些技能，积累哪些经验？

关系塑造

- 你在工作中（包括你的团队、整个公司及公司外部）最牢固的关系是什么？

- 你希望进一步建立什么样的关系？

目的塑造

- 你工作中最大的成就感是什么？为什么？

- 你认为谁从你的工作中受益最大（公司内部和/或公司外部）？

幸福塑造

- 你可以改变你工作的哪些方面来改善你的健康，提升幸福指数？

- 怎样才能给你的工作增加更多的活动？

第八章的一个健康联系（Connect Health）综合医疗中心的案例研究，会展示如何将这些指导对话加入发展和绩效对话中。

（6）探索和运用优势

从工作塑造的角度来看，了解个人优势非常有用。如果你在工作塑造中不断积累和放大自己的优势，那么你不仅会发现你的塑造经历非常愉快，而且它们最终也会更加成功和持久。对大多数人来说，关注自己的优势并不是自然而然的事情；相反，我们更容易发现自己的缺点。

人类的大脑通常会带有一种缺陷视角或消极偏见。这通常会让我们倾向于关注工作中的问题，而不是积极的方面，这也解释了为什么我们会那么执着于自己认为不好的工作和个人生活方面。心理学家和神经学家不知道产生这种现象的原因，但最有说服力的解释之一是，这种缺陷视角是为了帮助和确保我们这个物种的生存。从生存的角度来看，对危险保持警惕比关注和寻找积极的经历更有利。这种进化怪癖的不幸后果是，虽然它让我们善于发现和关注失败，但它并没有自然地鼓励或促使我们理解或探索自己的个人优势或成功的因素。这是有问题的，因为往往促使我们把工作做得更好的是发挥我们的优势，而不是弥补我们的弱点。

无论是集体还是个人，最佳表现的能力往往来自我们对自身优势的不断积累和发挥。我们的优势可以简单地定义为我们擅长和喜欢做的事情。一项对5000多名新西兰人的研究发现，自称了解自己优势的人在心理上健康幸福的可能性是不知道的人的9倍，知道并利用自己优势的人在工作中蒸蒸日上的可能性是不知道的人的19倍。无论性别、种族、年龄、教育和收入如何，这些结果都是一致的。

企业领导力委员会在对29个国家的34家公司的1.9万多名员工进行研究时发现了类似的结果。在报到和业绩讨论中强调业绩优势会将个人整体业绩提高36%以上。相比之下，关注业绩弱点与26%的负面影响或成本有关。

研究人员推荐的一种确定个人优势的方法是，记下你在工作时可以投入能量、专注度、参与度和专业知识的事情。在寻找优势时，人们可以寻找三种特性：第一，他们擅长和喜欢做的事情；第二，能够激发、激励自己，促进参与的思维、感觉或行为模式；第三，人们有技能和自信，能够发挥最佳水平的东西。

确定优势的另一种方法是进行优势评估。这些都可以在网上找到，可以单独完成，也可以和指导员一起完成。可用的工具很多，米歇尔·麦奎德博士的《你的优势蓝图》(*Your Strengths Blueprint*)一书对一些更受欢迎的可用工具的实证与实践优势和局限性进行了有帮助的总结。

在强调优势潜力的研究基础之上，我鼓励参加工作塑造工作坊的人积极探索个人优势，并在日常工作中加以利用。工作塑造为人们提供了一个探索如何在工作中更多地发挥自己优势的机会。例如，如果一个人力资源经理的优势是有好奇心或热爱学习，那么他可以设定一个技能塑造目标，即研究例如积极心理学等自己感兴趣的话题，并探索如何将这些新知识应用到自己的工作中。

优势对于实现我们为自己设定的目标也非常有用。例如，如果某人在与他人建立联系方面有优势，那么他可以利用这一点，积极与同事和朋友分享自己的工作塑造目标，并把他们进展情况的讨论作为沟通联系的机会。

（7）团队塑造

工作塑造不仅是个人的追求，也是团队可以协同完成的事情。研究发现，团队塑造有一系列的好处。鼓励团队塑造的一种方法是促进团队成员对自己工作的不同方面进行公开交流，特别是他们喜欢的、认为值得做的部分，以及他们不喜欢或厌烦的部分。通过积极的讨论和合作协商，团队成员可以相互交换不同的任务，或者改变他们共同处理某些活动的方式。它允许个人缩减特定的任务或活动，以便创造机会在其他任务上投入时间和精力。谷歌的团队已经成功地使用团队协作式工作塑造和工作交换来更好地调整团队之间的工作分配，使其反映个人的优势、热情和兴趣。这些措施对个人和公司都产生了积极的影响。

就我个人而言，当我还是一名人力资源专员时，我会非常珍惜与同事一起进行团队塑造的机会。我一直觉得，员工关系工作作为人力资源管理工作的一部分，没有那么有价值和吸引力。相比之下，我的一些同事则喜欢通过调查、主持纪律和申诉听证会来为管理者提供支持。如果能参加一次团队塑造会议，我就有机会和同事们分享：如果能选择，我会少做一些员工关系工作，最好是多做一些政策和战略制定工作。同样，那些更喜欢案例工作而不是战略工作的同事也可以和我交换这些任务。这并不是说我会完全停止做案例工作，作为一名专员，保持和积累这方面的经验是很重要的，但我本可以在有大量案例或我最适合处理的某个特别棘手的问题时为团队做出贡献，而不是例行公事。

2　实施注意事项

在选择任何干预措施、工作坊或培训计划之前，需要考虑一些可能会影响其效果和结果的因素：

1）引导者。引导者的专业知识、兴趣和鼓励会在很大程度上影响本章所述练习的效果。例如，如果引导者对工作塑造充满热情，拥有相关知识，并且能够以实际例子说明其他人是如何塑造自己的角色的，那么工作塑造工作坊的实际效果就会很好。

2）背景。了解背景对于确定要探索本章中的哪些练习而言至关重要。例如，如果同事们没有开放和协作的精神，那么团队塑造就不太可能有效；同样，如果在结束了工作坊的培训之后，人们没有能力或空间去真正探索想法并在工作中进行试验，那么工作塑造工作坊的影响也可能会减弱。

3）证据基础。在实施或尝试任何练习或活动之前，重要的是要了解你正在尝试改变什么，并且相信有证据表明你正在测试的想法有潜力实现这一点。例如，研究表明，当参与者得到直线经理支持时，工作塑造工作坊培训效果最为有效。如果人们做的试验没有得到或仅得到有限的支持，那么证据会表明，这将不是一个有效的干预。

4）参与和兴趣。重要的是要认识到，并不是每个人都对工作塑造或探索、发挥自己的优势感兴趣。对一些人来说，出于各种不同的原因，他们可能不想或觉得无法探索这些想法。由于工作塑造是由员工主导和驱动的，因此不可能（甚至不可取）强迫某人主动塑造自己的角色。正如本章前面所探讨的，出于这些原因，我总是建议工作塑造会议应是员工自愿参加的。

一些基于证据的工作塑造问题

在与任何组织合作探索工作塑造或任何其他类型的计划之前，

我会鼓励他们考虑一下自己是否清楚这样做的原因，以及他们是否已经收集好必要的证据、是否相信这些证据。虽然对一名顾问来说，挑战客户的想法和潜在的佣金似乎是违背常理的，但最终，客户和我的顾问工作会受益于积极的、有影响力的结果。

改编自罗伯·布里纳（Rob Briner）和尼尔·沃尔什（Neil Walshe）的关于制定基于证据的工作场所健康干预方法的研究，组织在实施任何形式的工作塑造计划之前可能需要考虑的一些问题包括：

- 我们试图解决的问题是什么？
- 有什么证据表明需要进行工作塑造干预？
- 如果我们什么都不做，会发生什么？
- 对组织内问题的产生原因有哪些了解？
- 我们为什么要鼓励人们进行工作塑造？人们目前的工作方式有什么问题？
- 根据已发表的证据来看，问题的原因是什么？证据的质量如何？
- 根据已发表的证据来看，引入工作塑造的潜在好处是什么？
- 我们期望工作塑造会影响哪些因素？有什么证据？
- 工作塑造干预的好处会大于其成本吗？有没有其他工作设计方法与工作塑造同样有效？或者比它更有效？
- 有哪些潜在的工作塑造干预措施或解决方案？
- 已发表的研究中有哪些证据可以表明工作塑造干预措施的有效性，以及它们在我们的组织环境中是否可能有效？证据的质量如何？

- 工作塑造的潜在负面后果是什么？

- 我们将如何评估干预的效果？

在第八章中，我们将更详细地探讨采取基于证据的方法对工作塑造的影响。

3　结论

正如我们在本章中所探讨的，有多种方法可以直接或间接鼓励人们个性化定制他们的工作。这些方法包括正式、特定的工作坊，以及非正式的辅导和鼓励等。最终，一个组织鼓励工作塑造的最好方法是基于他们的背景和文化。

在决定是否投入工作塑造的决策过程中，一个关键部分是，是否有进行工作塑造的证据基础，以及工作塑造在多大程度上符合并支持特定组织的员工优先事项和人力资源议程。这两个主题将是下一章的重点。

要点

- 不能强迫员工进行工作塑造，但可以通过练习和活动来鼓励和激励员工。

- 工作塑造练习可以单独进行，也可以成对或分组进行。

- 工作塑造应是自愿的，而不是强制性的。
- 如何选择最佳的工作塑造活动将取决于你的组织背景。

关键问题

- 你最想从事和探索哪些活动？为什么？
- 哪些活动最适合你的团队或组织？
- 你如何衡量不同活动的"成功"？

第八章 工作塑造支持人力资源议程

虽然本书中介绍的大多数示例和想法都是从自下而上、由员工主导的角度出发的，但本章将重点关注人力资源专业人员和高级领导可以采取哪些措施，以便从领导力、工作和组织设计的角度加入个性化的工作方法。本章将具体包括不同的组织如何鼓励和支持员工个性化定制工作的示例、工作塑造如何与不同的人力资源人员议程保持一致的概述，以及如何在整个组织中促进工作塑造的循证方法。

1 采取循证方法

你如何确保工作塑造是一个能为你组织内的人增加价值的倡议？你如何向自己和他人保证你清楚自己希望改变和提高什么，以及你正在努力实现什么？当与组织合作解决这些类型的问题时，我提倡使用循证实践方法。

循证实践的核心是，通过一个明确的流程来做出合理的决策，该流程涉及寻找、评估和研究现有的最佳证据。循证决策不仅依赖于个人经验或最佳实践等少数信息来源，还鼓励人们尽可能地根据从各种来源收集的信息和见解来做出决定。循证管理中心（CEBMa, the Centre for Evidence-Based Management）建议，在做出重要决策之前，各组织应遵循一个包括收集和考虑不同类型证据的正式流程。

我们为何要采取循证方法？

我们的决定和判断很容易受到偏见和错误认识的影响，尽管我们可能不愿意承认这一点。我们可能会因为一个新的想法或话题与我们的个人信念相一致而被其吸引，或者我们可能会被说服采取某一行动方法，因为它已经开始被公认为我们行业的"最佳和领先实践"。我们之所以容易出现这些错误和偏见，原因有很多，其中一部分原因就是我们做出决定的认知资源和时间是有限的。因此，（正如我们在第二章中所探讨的）我们会采取自然的捷径或"启发法"来使思考更快、更容易。

因此，我们自然做出决策的方式可能会受到许多偏见的影响。所以，一个人或一个群体的想法可能不像他们希望的那样清晰和理性。例如，人们容易产生确认偏见，这意味着我们（通常下意识地）寻找支持我们自己想法或印象的信息或证据。除了大脑功能的缺陷，偏见还可能以其他方式渗透到决策中。例如，仅仅根据最佳实践来做决定也容易产生潜在的偏见。没有批判性地评估一个新的想法或政策在你的组织中是如何运作的，你实际上是在依赖其他组织的"报告"经验。在大多数情况下，出于各种原因，组织可能倾向于报告和呈现有益的结果，而不一定展示或突出负面结果。

收集不同类型的证据

循证管理中心建议使用四种信息来源为决策提供信息：科学证据、组织证据、经验证据和利益相关者证据。

1）科学证据

科学证据是指在学术出版物上公开发表的信息。对于在人力资源部门工作的人来说，这些出版物涉及管理、人力资源、工作和组织心理学等领域。我们应当始终考虑科学证据的质量和相关性。

从工作塑造的角度来看，正如我们在第四章中所探讨的，来自同行评议的学术期刊的庞大的科学证据依然在不断增多。本文的研究探讨了工作塑造在许多不同的专业和组织背景下的效力，并显示了其对个人和企业的各种潜在好处。当然，所报道的证据存在一些关键的局限性，其中包括缺乏双盲随机对照研究，以及各研究对工作塑造的精确定义和测量方法不一致。

案例 _____

使用证据

英国一所大学的组织发展主管很有兴趣探索工作塑造是否能支持该大学的职业发展框架。在做出任何承诺和决定之前,他要求组织发展经理提供一份相关研究和关键证据的简短总结。组织发展团队又集体地从实证基础上考虑了工作塑造的优势和劣势,特别是与职业相关的工作塑造研究的优势。最终,他们发现有足够的科学基础与其他利益相关方一起进一步探索工作塑造。

2)组织证据

第二个证据来源与组织本身的信息和见解有关。在人力资源部门,这可能与从员工调查中收集的数据或更广泛的招聘、人员保留和变动率有关。类似地,这也可以是更具体的信息。例如,对某个业务领域或某个组织问题的投诉(或称赞)等。

组织见解和证据有助于我们了解是否存在需要解决的问题,如果有问题,那么最有效的解决方法是什么。研究表明,工作塑造可能会产生积极影响的领域包括:工作的参与度和满意度、人员保留和变动率、灵活性和敏捷性,以及变革和创新。

案例 _____

组织见解

英国一家全国性银行的高级人力资源团队受首席人事官委托,去探索鼓励员工更灵活工作的方法。针对从若干来源收集的信息,包括工作人员调查、离职面谈和关于支持产假和陪产假的工作人员论坛等，该银行执行董事会要求完成这一工作项。

人力资源团队进一步组织的重点小组发现，灵活工作的一个关键障碍是员工及其直线经理对如何以不同的方式开展和交付工作缺乏信心。调查发现，工作塑造可以给员工及其团队领导一个框架和语言范例来促进其灵活工作。

3）从业者

第三个证据来源涉及在组织内外工作的人们的专业知识、判断能力和智慧。这些人可能包括从业者、经理、顾问或其他商业领导。这些专业知识来自通过直接经验、学习和批判性思维积累的经验和见解。

当考虑是否要探索工作塑造和更个性化的工作方法时，从业者的观点和意见是很重要的。例如，他们了解工作塑造作为一种概念或方法是否可能"适合"组织环境，以及在业务的不同领域解释和鼓励工作塑造需要什么级别的支持和培训。

案例

从业者经验

一家健康和理疗公司的首席人事官召集了一群人来考虑是否要尝试工作塑造，以此来实现一个鼓励个人和团队创新的组织目标。该工作组的成员来自整个组织的各个部门。以前在给予人们自主权并鼓励他们将工作的各个方面与其优势相结合的环境中工作过的领导者，可以理解并看到工作塑造如何为企业提供价值。工作组中的其他高级管理人员对此深表怀疑，并对给予人们过多自主权表示担忧，尤其是事务性更强的职位。人们认为，像理疗师这样的前线角色，在看病人和写笔记时的工作时间非常有限，可能比后勤部门的人员更少有机会去塑造工作。根据小组的反馈，首席人事官决定试验工作塑造，并与前线和后勤团队一起进行小规模的评估试验。这些试点的结果是积极的，并且直接或间接地收集了参与者如何在自己的角色中应用工作塑造的证据。

4）利益相关者

第四个证据来源是组织利益相关者的价值观、信念、想法和关注。这些是任何可能受到决策及其后果影响的个人或群体。内部利益相关者可能包括员工、领导和董事会成员；外部利益相关者可能包括客户、供应商、工会和股东。每个利益相关者群体或个人可能对所考虑想法的重要性或后果，以及任何相关风险或回报的重要性有不同的认识和理解。因此，利益相关者的观点和意见可以成为评估和分析不同来源证据的重要参考材料。

案例 _____

利益相关者的观点

一家拥有800名员工的云技术公司刚刚获得了大量外部资金，并新设立了一个人员和绩效主管职位，以进一步维持发展其工作环境，支持公司不断成长与发展的愿景和承诺。人力资源团队的一名成员认为，工作塑造是一种支持、鼓励创新和主动性的方法。在向董事会提出这一想法时，有人担心员工塑造自己角色的方式会使公司"偏离使命"，从而可能阻碍公司目标的实现。虽然人事负责人相信，可以通过支持而不是阻碍实现个人和组织目标的方式引入工作塑造，但他们清楚，领导团队和咨询委员会的认可和鼓励不足以推进这一想法。因此，公司决定暂停工作塑造的正式测试计划，并在12个月后重新考虑这一想法。

2 支持组织的人员和人力资源议程

任何组织通常都需要同时兼顾大量人员和人力资源优先事项。下一节将探讨工作塑造和个性化工作方式如何可能支持10个不同的与人有关的主题，并为其增加价值，而这些主题往往在组织的人员和人力资源议程中占据重要位置。下文会单独探讨这些主题（表8.1）。

表 8.1 工作塑造和个性化方法直接支持的人力资源主题

人力资源主题	相关人力资源概念
变革和转型	变革、转型、创新、发展
员工参与和动机	员工参与度、吸引力、招聘、保留率、绩效、员工品牌、员工体验
绩效	绩效管理、生产力
弹性工作	弹性工作、灵活工作
进行调整	疾病、产假、陪产假、积极处理残疾问题
满足不断变化的员工需求	劳动力老龄化、以人为本的设计

（续）

人力资源主题	相关人力资源概念
健康和幸福	心理健康、身体健康、幸福
多样性和包容性	多样性、包容性、神经多样性
员工指导	指导、直线管理、团队合作
人才	吸引力、招聘、保留率、绩效、员工品牌

（1）变革和转型

在大多数公司里，变革是持续不断的，由各种外部和内部力量造成，包括技术创新、战略目标的转变、新的高级领导层任命和立法变化等。然而，事实上，大多数组织内部管理变革的协调一致的尝试都未能实现其预期目的和业务目标。实际上，没有单一的方法能够有效地管理变革，但越来越多的认识和证据表明，"大爆炸"式的自上而下的变革方法均未能实现目标。相反，更具适应性的新兴变革方法，即人们被信任并能够领导重复持续的变革和改进，并与明确的组织方向保持一致，越来越被认为是一种更有效、更迅速的改革方法。

人力资源主管安迪·多德曼的见解

利兹市议会的首席人事官安迪·多德曼（Andy Dodman）认为，工作塑造可以对变革产生积极的影响。安迪是公认的英国顶尖人力资源专业人士之一。在一次关于工作塑造的采访中，他告诉我：

> 变革不是单一的或线性的，实际上，它的基础是人类的重复性行为和干预。因此，变革并非始于管理框架、模式或系统，而是始终始于个人……而工作塑造可以促进人们理解，变革可以而且应该来自员工自己做不同的事情或以不同的方式工作。

除了促进创新、协作和试验（这些对更灵活的变革方法至关重要），工作塑造还促进人们和项目团队明确认识到他们的工作对自己和整个组织的作用和影响。就个人而言，工作塑造也有助于人们有效地适应变化。人们会以不同的方式经历变化，有些人是兴奋的，有些人则是恐惧和疏离的。通过根据自身经历的变化来调整工作，个人或许能更好地应对变化，而不是被变化冲昏头脑（这种情况经常发生）。就绩效而言，工作塑造显然有所帮助，而从健康和幸福的角度来看，工作塑造也很重要，因为它能使人们积极地应对变化。

工作塑造支持更具适应性、灵活性的变革方法的三种具体方式是：

- 通过不断反思、改进和适应来实现变革和创新；
- 创造这样一种环境，在这种环境中，人们得到信任，并在心理上感到安全，可以尝试新的方法并调整自己的工作方式；
- 使员工能够将工作塑造作为应对个人挑战和变革压力的机制。

（2）参与和动机

以提升员工参与度为重点的组织很想知道如何创造一种工作环境，让员工每天都能受到激励、发挥最佳水平，并有动机成为组织成功的一部分。影响员工参与度的人力资源和组织因素有很多，包括奖励、成长和发展机会、与直线经理和同事的关系、灵活性和整体工作环境等。

员工参与度和动机是由组织和员工之间的关系推动的，或者可以说它反映了组织和员工之间的关系。与任何关系一样，其优势基于双方的信任、透明度、诚信，以及积极贡献和承诺。众所周知，行动胜于雄辩。当一个组织公开积极地鼓励工作塑造时，这表明它真正有意愿认识到所有员工都是独特的个体，也致力于创造一个人们可以利用其个人才能和优势的工作场所。

人力资源主管安迪·多德曼的见解

安迪·多德曼认为，大多数组织在理解和鼓励人们寻找方法将个人才华、优势和兴趣与工作相结合方面做得还不够。安迪认为，工作塑造是让人们在工作中找到个人灵感的一种方式。他告诉我：

工作塑造能让人们将全部精力投入到工作中。太多的员工在上班时把他们的个人才能和兴趣留在了家里，我们需要挑战和阻止这种情况。组织及其领导者需要鼓励人们将他们的热情和优势带到工作中。我们需要告诉人们："请想办法在工作中充分发挥你的激情和才能，如果你能这样做，那就太棒了，因为别人会受到你的启发，而我们都可以从你的专业知识中学习。"

工作塑造促进员工参与、提升员工动机的三种方式是：

- 鼓励增强自主性、目标感、联系和精力的工作方式；
- 使人们能够把多样化、完整的、最好的自己带到工作中；
- 为人们探索其工作的意义和目的创造机会。

（3）绩效

对于那些认真致力于鼓励高绩效的组织来说，工作塑造是一种令人信服的方法，可以让人们发现、释放和发挥自己的潜力。工作塑造是一种积极的、目标明确的、基于优势的方式，能将自主权、控制权和目标融入工作中。它为同事和直线经理之间有意义的对话提供了一个框架和动力，促使他们讨论如何改善工作，如何更好地将活动与个人和团队的优势、才能和兴趣相结合。个性化的工作方式自然会鼓励人们思考组织和个人目标以及更广泛的工作目的。研究一致表明，这些都是可以持续支持绩效的因素。

领导者，尤其是直线经理的态度和做法，对于提升绩效至关重要。他们能加强和支持业务目标与个人目标之间的联系，并能提供清晰的相关反馈，使人们能够对自己的表现负责，同时探索保持和提高员工业绩的方法。为了支持工作塑造，领导者必须具备更加积极和开放的领导风格，并为成长和试验创造空间和机会。

人力资源主管朱莉娅·史密斯的见解

作为人力资源总监和咨询顾问，人民科学（People Science）的创始人和总监朱莉娅·史密斯（Julia Smith）一直在帮助各种组织加入工作塑造行为。在采访朱莉娅时，她明确表示，工作塑造对于提升绩效对话的质量和整体绩效有着积极的作用。她告诉我：

工作塑造为我们看待绩效和绩效讨论提供了一个全新的视角。它能使员工及其经理探索一份工作目前如何与个人的优势和才能相匹配，并确定可以使工作更匹配的小型改变和调整。它还鼓励人们思考和探索他们工作的目的，这可以激发员工动力，提升员工绩效。在我自己和团队探索工作塑造时，我发现这一方法的力量非常强大。

工作塑造有助于绩效管理和支持议程的三种方式是：

- 使人们的工作与他们的优势、激情和兴趣保持一致，从而驱动并支持绩效；

- 培养不断好奇和改进的心态；

- 鼓励促进自主支持的工作方式，从而激发动力、自主努力、创新和创造力。

（4）弹性灵活工作

灵活性并不是指兼职工作或偶尔在家工作。弹性或灵活的工作让人们在工作时间、地点上拥有自主权。为人们提供机会来塑造和定制他们的工作安排，使员工能够在他们最有效率、工作产出最好的时间和地点工作。

工作塑造让人们认识到，在工作的结构和时间安排方面并没有适用于每个人的法则。工作塑造使人们能够个性化定制自己的工作安排，以便在其生活中找到更好的一致性和协调性。将个性化工作作为一种默认方式，可以扩大人们找到做出最有影响力贡献的机会。

对于那些努力或渴望从固定不变的工作方式转变为更灵活、适应性更强的工作方式的组织而言，工作塑造是一种有助于激发人们对探索和改变标准工作时间、模式和惯例保持好奇的方法。

工作塑造能够支持灵活工作的三种方式是：

- 鼓励员工、经理和团队在工作方法上更加开放和灵活，摒弃将工作视为僵化和一成不变的观念；

- 为个人和经理提供一个框架，以发起和安排关于如何改变角色构成或时间组成的对话；

- 探索人们在何时、何处以及如何做出最好的工作，并鼓励员工尝试不同的工作方式。

（5）对现有角色进行调整和更改

根据我的经验，人们通常很难找到一种双方都满意的方式来商定新的工作模式和重新设计的工作方式，因为管理者，通常还有员工自己，发现很难拆分或重塑他们现有的工作。同样，当有人无法完成现有的某部分工作时，许多组织都很难以积极的方式对其进行无缝调整。在减少工作时间的情况下，人们往往试图将旧的工作方式压缩到更短的时间内，而不是重新设计工作方式。在对工作要素进行调整的情况下，管理者往往无法适应任何变化，只能放弃，并表示进行调整是不可能的事情。最终，无法做出调整会对个人的工作能力和动力产生负面影响，并使他们在经常面临生活其他方面的压力和挑战的时候更难完成工作。

对临时和永久调整角色的请求做出积极和主动的响应是可以实现的。工作塑造给管理者和个人提供了一个参考框架和方法来讨论如何做出既满足个人需求，又满足组织需求的改变。在已经将个性化和灵活的工作方式融入其文化和结构的组织中，调整角色几乎不成问题。在个性化的工作环境中，除了需要应对合同和薪资的变化之外，对任务和职责的调整也只是例行公事，并不需要笨重且流程繁重的会议来适应变化，尽管这种繁重会议在许多组织中仍然是常态。

工作塑造可以通过以下三种方式帮助组织响应和促进对角色进行更改和调整的请求：

- 为管理者和个人提供重新看待工作的机会。工作不是一个固定的结构，而是由许多可被塑造、调整、放大或移除的可调整部分组成的整体；

- 为管理者和个人提供一种语言和框架，以便就如何对工作做出阶段性、临时或永久的改变进行积极和建设性的对话；

- 为员工提供一种探索他们最喜欢、最有意义和最擅长的工作方面的方法。

（6）满足不断变化的员工人口结构和需求

工作的世界变得越来越丰富，劳动力的年龄结构也越来越多样化，在一起工作的不同年代的人比以往任何时候都多。很多文章都提到了不同时代的人有着不同的动机、价值观和能力，研究表明，对某个特定群体的特征进行笼统的概括是自满和危险的。例如，我们知道，不论我们的年龄大小，我们的个性和偏好都会不断变化，而这不仅仅是因为我们达到某个年龄或代际的里程碑。个性化、员工主导的工作方法使组织能够满足员工的各种需求，这些需求出现在员工生活的不同阶段，包括出生、（人和宠物）死亡、搬家、处理个人健康问题和履行护理责任等。

科学研究证实的一个代际现实是，组织需要调整和适应老龄化的劳动力。由于各种原因，包括财政需要、养老金领取年龄的变化和人们良好的健康状况，人们的工作时间与以往任何时候相比都要更长，退休时间也更晚。这在培训、招聘、退休支持和规划方面创造了机会，而许多传统组织忽视了这些机会，或将这些机会视为需要解决的问题，而不是需要积极应对的现实。对于更开明的组织来说，积极吸引和支持年长的员工有很多好处，包括吸引人才、增长经验，通过安排与客户年龄相符的员工来提供更好的客户服务，以及通过增加年龄多样性来使工作场所更加丰富多彩等。

研究人员强调，工作塑造是一种有效的工具，可以让年纪较大的员工调整工作，使之适合自己的技能和能力。这主要有两个原因。首先，年纪较大的员工更可能重视、运用工作塑造的机会。2013年，一项涉及3.6万多名员工的员工主动性元分析发现，年龄与人们在工作中采取个人主动性之间呈正相关。对此的一种解释是，工作时间更长的人更容易发现改变和试验的机会。其次，工作塑造对于更成熟的员工来说尤其有效，因为它使他们能够不断地改变和调整他们的工作，以适应不断变化的环境。例如，工作中需要体力和技术的员工（如机械师、建筑工人、工程师、实验室技术人员）可以塑造其工作，减少工作中的体力部分，增加培训或技术部分，从而最大限度地利用他们的技能、知识和专长。

工作塑造和个性化的工作方法可以通过以下方式为不同年龄的员工提供支持：

- 支持终身成长——使人们能够在其工作生活的各个阶段思考如何成长和发展；
- 为个人和管理者提供一种工具，以最适合其个人需要和兴趣的方式确定、调整和塑造他们的工作；
- 就如何满足不同年龄员工不断变化的需求和能力进行对话和讨论，这是一种积极的方法。

（7）健康和幸福

关心人们的健康和幸福是正确的做法。越来越多的组织都在认可这种道德观念，同时也认识到拥有一支更有活力、更健康的员工队伍的更广泛的附加好处。因此，越来越多的报告指出，设计工作和创造促进幸福的工作体验是人力资源团队和执行董事会议程上的优先事项，这并不令人意外。

我们在这本书中列举了大量证据，它们证明了工作塑造与人们的健康和幸福之间存在着非常强烈的联系。个性化的工作设计能够让人们在工作中实现自主、控制和联系，这应该是任何组织整体幸福议程的重要组成部分。

人力资源主管安迪·多德曼的见解

幸福对不同的人来说意味着不同的事情。幸福是个人的，一个组织不能为个人定义或规定他们的幸福是什么或不是什么，但组织可以邀请和鼓励人们探索对个人幸福影响最大的东西，然后尽一切努力让他们找到并实现这一点。

我认为，联系和社区这两个方面对于培养幸福感尤为重要，人们可以通过塑造自己的工作，找到与他人分享自己激情和兴趣的方式。例如，举办或参加读书俱乐部、成立合唱团或午休跑步俱乐部，等等。我们的员工有太多的才能和兴趣，组织经常犯的一个错误就是忽视员工的兴趣。尽管从表面上看，

> 这些兴趣似乎并不有利于完成工作，但是，这些兴趣可以将人们聚集在一起，有利于人们建立合作和促进联系，这最终将以有形和无形的方式惠及更广泛的组织。

具体来说，工作塑造能够为健康和幸福议程提供支持的三种方式是：

- 使人们能够塑造和调整自己的工作，以应对短期或长期的身心健康挑战；
- 提倡与积极幸福感密切相关的工作方式——这使人们能够对自己的工作拥有更大的控制感和自主权，提高工作满意度，提高工作与个人目标和价值观的契合度；
- 为个人和管理者提供一种机制，以便更好地平衡他们的工作需求和资源——这包括在某些方面增加或减少工作，寻找并创造机会重振精神，并确定在何时何处、如何以最符合个人需求的方式完成工作。

（8）多样性和包容性

致力于多样性和包容性的企业重视每位员工的个体价值。营造一个包容的工作场所，让每一位员工都能充分参与，充分发挥自己的潜力。我们都受益于拥抱并重视人们给公司带来的丰富多彩的思想、技能和优势，而这些都源于我们每个人的不同经历、背景和身份。包容性的人才方法倡导和培养多样性、促进学习和发展、改进决策、促进创新，并使组织能够满足其客户的各种需求。

工作塑造和个性化工作的核心是认识到我们每个人都是不同的。它鼓励个人、领导者和组织对人们的特质感到好奇，并且找到认可和利用这些特质的方法来创造价值和贡献。

人力资源主管朱莉娅·史密斯的见解

任何包容性策略的核心都是让人们能够将自己全身心地投入到工作中。对我来说，工作塑造就是这一点的体现。工作塑造是一种强有力的工具，有助于探索人们如何来上班，如何表现自己的激情、优势、生活经历和兴趣，从而使工作更有意义、更有目的和更具激励性。如果组织创造的环境能让人们做到这一点，那么这就是一个真正包容的工作方法。

工作塑造提供了一种机制，使人们能够单独和协作地探索、利用和扩大他们在工作中的才能、优势和兴趣。具体来说，工作塑造支持多样性和包容性议程的三种方式是：

- 鼓励积极认可个性、神经多样性和不同经历、想法、技能、身份和背景的对话和活动；
- 释放我们每个人的独特的个人优势、才能和兴趣；
- 使人们能够充分、完整、更好地投入工作。

（9）员工指导

在寻求提升绩效，促进领导力、职业和技能发展的组织中，为员工创造指导机会是一种越来越流行的方法。指导可以创造空间，为人们提供一个框架，让他们针对某个目标发展自己的想法和行动，并帮助他们确定自己需要培养和发展的特定技能和优势。人力资源和以人为本的职能部门在鼓励指导方面发挥着关键作用，特别是最适合员工和整个企业的不同指导方式、方法和干预措施。

工作塑造支持指导方法，因为它是由员工主导的，并根据个人需求进行个性化定制的。除了邀请外部专家充当工作塑造指导员，经理和团队领导还可以接受内部培训，以支持指导讨论，重点是如何通过个性化定制、重新设计和塑造员工的工作活动、关系和工作实践，使员工能够创造更加适合自己的工作。

人力资源主管朱莉娅·史密斯的见解

我认为，工作塑造有可能成为一个强大的指导工具。它为团队的领导提供了一个积极的框架，以便其与员工就工作和日常任务进行对话。它将员工及其想法和感受置于谈话的核心，使员工能够对如何发挥更多潜力，以及如何使自己的工作更个性化、定制化并最终更有效，产生自己的想法。

工作塑造支持组织指导议程的三种方式是：

- 鼓励对优势、技能和价值观的探索和自我认识；
- 为人们创造机会，以批判和好奇的态度思考他们是如何开展工作的，包括他们的任务、关系、目的和幸福；
- 为人们赋能，相信人们有能力和主动性去塑造他们的工作。

（10）人才培养

人力资源和人事专业人员在设计、开发和支持符合其组织业务需求的人才管理方法方面发挥着关键作用。有效的人才管理方法可以创建学习型组织，巩固雇主的"首选雇主"品牌，并有助于释放员工的潜力，为其晋升和职业发展创造可持续的机会。鉴于以上所述，人才管理成为各组织日益重视的领域也许并不令人意外。英国特许人事和发展协会的调查发现，一半以上的首席执行官将人才管理视为一个具有战略优先地位、重点和投资的领域。

就成长和职业发展而言，工作塑造可以使人们能够发挥自己的潜力，为组织带来长期变化。特别是，工作塑造鼓励人们了解自己目前的技能、优势和兴趣，并考虑如何扩大、深化或重新调整这些技能、优势和兴趣，以实现自己的志向。拓宽视野、提高人们对未来的关注度，可能会让人们更能发现整个组织中的机会，或者，如果没有机会，他们可以自己创造机会。

人力资源主管杰西卡·阿莫特吉的见解

正如领英的执行发展总监杰西卡·阿莫特吉（Jessica

Amortegui）告诉我的那样：

传统的人才培养方法是有问题的，人们浪费时间寻找完美的工作，而实际上完美的工作就像独角兽一样，根本就不存在。相反，通过工作塑造，人们可以聪明地调整工作，以反映自己的个性，从而创造出最适合自己才能、优势和兴趣的工作。

这种方法对个人和组织都有好处。杰西卡继续解释道：

工作塑造让人们能够在现有工作之中实现潜在的发展潜力，而不是在现有工作之外寻找下一个挑战。

工作塑造支持人才管理的三种方式是：

- 将工作与人们的个人优势和热情相结合，以提升工作绩效，提高工作满意度、参与度，以及员工保留率；
- 使人们能够对自己的个人成长和职业发展拥有更大的自主权和控制权；
- 为个人和团队创造机会，让他们思考自己不同的技能和才能，以及如何与当前和未来的业务重点保持一致。

3　营造支持工作塑造的组织

虽然工作塑造通常是一个人或小团队的努力，但这并不意味着组织，尤其是其中的领导者，在支持工作塑造方面没有任何作用。人力资源、组织领导和直线经理可以通过多种方式帮助促进工作塑造，从而直接支持组织的战略和运营目标。这些方法包括增强自主权、明确目标和使命、提升发展对话水平、创造宽松环境，以及促进心理安全等。

（1）增强自主权

从根本上说，当人们觉得他们在如何承担工作和执行工作方面拥有真正的自主权、信任和自行决定权时，他们更有可能塑造和定制自己的工作。这些因素往往受到领导者的直接控制，因此，领导者在鼓励或抑制工作塑造方面通常是至关重要的。墨尔本大学积极心理学中心的加文·斯莱姆普（Gavin Slemp）博士对工作塑造和领导力进行了研究，他发现，领导风格是影响人们从事工作塑造的数量和类型的一个重要因素。

斯莱姆普博士认为，有一种特定的领导风格能够积极地鼓励工作塑造，并为员工及其组织带来更广泛的益处。正如他向我解释的那样，"拥有被研究人员称为'支持自主'风格的领导者，能够促进工作塑造"。这些领导者更有可能让员工控制自己的工作方向，并且只在被要求或者必要时才进行干预。提倡自主性和工作个性化的领导者往往更注重结果，而不是工作如何完成的细节。斯莱姆普博士告诉我："通过关注人们负责的目标，同时放松对其工作方式的管理，团队领导增加了人们塑造自己角色的可能性。"

自主型领导风格不仅能为工作塑造提供支持，还能带来相当可观的更广泛的好处。2018年，斯莱姆普博士和同事对全球3万多人进行的一项元分析研究发现，积极推动和鼓励自主工作的领导者能够培养员工的内在动机，而这种动机又与更好的工作场所幸福感、积极行为、参与度和绩效相关。斯莱姆普博士证实，"当领导者拥有支持自主的风格时，他们的员工更有可能觉得自己的个人需求和动机需求得到了满足"。这种领导方式的好处似乎与特定的全球地域或文化领域无关。斯莱姆普博士告诉我："来自世界各地的研究结果表明，支持自主型领导在世界任何地方都受到重视。无论在哪里采取这种领导方式，都有可能产生积极的结果。"

虽然有些领导者可能会自然而然地采取一种信任、支持和自主的风格，但遗憾的是，这并不是每个人都采取的方法。斯莱姆普博士认为，培训和指导对一些管理者来说可能是有效的，特别是那些乐于学习领导风格的人，他们可能没有意识到自己目前的方法并没有想象中的那么受到支持和有效。

除了自上而下的指导之外，领导风格也会受到员工反馈的影响。通过研究，斯莱姆普博士特别观察了向领导寻求更多自主支持的下属员工。他向我解释道：

　　通过一些研究，我们发现员工可以积极建立和发展与老板的关系，从而塑造管理者对自己的态度。例如，员工可能会反馈说，他们感谢管理者信任自己来领导一个没有上级参与的项目，或者重视老板让自己尝试新东西、在工作方式上承担小风险的机会。

虽然向领导反馈可能是有效的，但却不能保证总能带来有效和持久的改变。对某些人施加影响可能比其他人更容易，而某些领导人可能只是过于依赖传统的命令和控制式管理模式，而无法改变他们的做法。最终，一个由人力资源的思想和影响力塑造的组织需要决定哪些领导方法和风格最适合自己的员工、组织和客户，并找到方法去支持、解决，甚至解雇那些不能或不愿意支持这种风格的人。

组织及其领导者可以通过多种方式转向更加支持自主的方式。加文·斯莱姆普博士和劳拉·莫斯曼（Lara Mossman）将研究和实践结合起来，强调了以员工为中心的支持型领导风格的行为。这些行为包括：

- 为人们创造做出自己工作选择的机会；
- 使人们能够参与决策；
- 相信人们可以自行决定如何完成工作，做出工作决策；
- 对同事的想法和观点表现出积极的兴趣；
- 鼓励拥有个人目标；
- 强化和提高其团队正在开展的工作和任务的价值；
- 庆祝和强调团队成员取得的成就和里程碑；
- 避免过度控制或微观管理。

你在多大程度上采取这些行为？你的同事呢？这是一份有用的

清单，可以用来比较和对比你自己的领导风格和整个组织的领导者的方法。

（2）明确目标和使命

从工作塑造的角度来看，有一个明确的目标和使命至关重要，原因有很多。首先，它给了员工一颗指引工作塑造活动的"北极星"，并确保员工在定制工作时，朝着业务的战略方向前进，而不是远离。其次，明确的使命和目标使人们能够理解自己所从事的工作的价值和目的，这有助于促进更有意义、目的和注重认知的工作塑造活动。

使命和愿景声明的价值可以通过其在组织内的实践程度来衡量。员工很快就能发现不真实的"使命洗脑"，即制定目标和使命声明的动机似乎是为了打造品牌，而不是真正希望概述和传达组织所代表和相信的东西。

对于组织来说，一个表明他们真正相信自己的使命和目标的强有力的方式是分享员工如何将他们的价值观实践到生活中的故事。美国在线零售商美捷步（Zappos）就是一家做得很好的公司。美捷步的客户服务水平堪称传奇，该公司完全致力于"为客户、员工和供应商带来幸福"的组织使命。美捷步认为，与其给客户服务和呼叫中心团队设定严格的目标，要求他们以足够快的速度响应和终止客户电话，还不如为员工赋能，信任他们的员工花尽可能多的时间，创造他们所承诺的卓越客户体验。2016年，在美捷步客户忠诚团队工作的史蒂文·温斯坦（Steven Weinstein）创造了公司最长客户致电时间的纪录，达到惊人的10小时43分钟。在接受采访时，他说，与顾客建立联系甚至友谊是他职责的一部分，也是美捷步精神的一部分。美捷步将这个电话视为一个值得庆祝的理由，他们希望公司内外的人都知道，他们非常重视并相信自己提供卓越服务的使命。

为了支持能培养意义感并与公司目标一致的工作塑造，领导者可以积极强化员工所做工作的重要性和意义。以下有三个方法：

- 让目标成为一个隐形的领导者。《目标与意义》的作者和研究者扎克·默丘里奥（Zach Mercurio）建议，组织应该把自己的使命和目标视为决策的关键利益相关者。领导者应该询问并与同事讨论的一个问题是："这与我们的目标有什么关系？"这使得人们能够避免陷入短期决策，避免被可能损害和干扰业务完整性的噪声分散注意力，而是更有意识地关注长期和可持续的影响。

- 缩小员工与终端用户之间的距离。很多时候，人们没有机会与客户联系，也没有机会了解他们的工作如何为客户增加价值。要做到这一点，就要定期创造机会，让员工直接或间接地听取终端用户的意见，使员工能够切实、直接地看到和感受到他们的工作有多么重要。

- 鼓励围绕目标展开讨论。不要假设目标是员工思考的事情，领导者和管理者可以鼓励并创造机会让员工思考并讨论他们正在产生的影响以及他们的工作对他人的价值。

（3）提升发展对话水平

支持型领导认识到，大多数员工在努力实现组织的目标和抱负的同时，会自然地寻找机会发展自己，并会被发展机会所激励。为了促进和支持个人成长，许多组织鼓励团队领导和员工进行发展探讨。这些有针对性的对话为员工提供了探索自己的抱负，以及如何发展自己的角色和职业的机会。通常情况下，这些会面会在一年中的固定时间通过预定的会议进行，或者在签到或一对一谈话的过程中，以非正式的方式进行。

除了思考长期的职业目标，发展讨论也是一个谈论工作塑造的理想机会，可以鼓励人们思考如何改进其工作的设计和交付，以及人们可以识别和测试哪些微小的变化以让自己的工作变得更好。通过促进和鼓励此类讨论，组织向员工表明了其对员工的个人发展和成长的兴趣和承诺。健康联系就是这样一个例子：该组织以这种方式重新设计了其绩效和发展讨论，并将工作塑造融入公司的结构中。本章末尾提供了一份概述其方法的案例研究。

米凯拉·朔贝罗娃（Michaela Schoberova）是一家总部位于美国的全球消费品公司的人力资源总监。她在其积极心理学研究生学习中了解了工作塑造，并写了关于如何在发展规划和讨论中使用工作塑造来支持员工与经理共同塑造和创造有意义、有成效的工作。这样的共同塑造鼓励员工与他们的经理合作制定工作塑造目标。在与米凯拉的谈话中，她描述了这种方法的好处：

当员工和直线经理一起讨论工作塑造目标时，双方都会受益。员工从经理那里获得支持和鼓励，以有意义和积极的方式塑造工作，而经理则确保员工按照组织的目标来发展和塑造他们的工作。

在我们的讨论中，米凯拉强调指出，传统的职业发展规划和协作性工作塑造之间存在许多协同效应。其中包括以下共同关注点：

- 改变、成长和个人潜力的最大化；
- 提高自我反省和自我意识，特别是在个人优势和才能方面；
- 员工主导的想法和目标，然后根据经理的输入进行塑造。

就障碍而言，米凯拉认识到，经理和个人之间的对话质量对于确定共同塑造讨论的影响至关重要，并且现实情况是，对于不同的人而言，这一过程的难易程度不同。米凯拉告诉我，"你不能强迫人们去塑造工作，有些人可能比其他人更难找到有意义的目标"。组织可以采取的一个积极步骤是，为经理和员工投入高质量的培训、指导和支持，以帮助他们完成这一过程。这可以给予经理们信心、技能和知识，让他们能够将工作塑造对话融入日常或更结构化的讨论中。

（4）营造宽松环境，创造时间和空间

小时候，我记得自己玩过塑料拼图，就是在一个固定的框架上移动小块瓷砖来创建一张图片。它的挑战在于先把图片弄乱，然后通过上下左右滑动瓷砖来重新拼成原始图像。为了能够顺利拼图，

需要有一个瓷砖空格，以创造空间来移动其他的瓷砖。如果没有这个空格，那就没有空间或机会来玩弄、排列瓷砖。不幸的是，这往往是我们向组织中的员工提出的挑战——我们期望员工解决问题并进行创新，却不创造这样做的空间和时间。

从根本上说，如果我们不创造时间来探索我们的工作是如何设计和执行的，或者创造空间来试验新的想法，我们将永远无法创新和个性化我们的工作。人事主管和人力资源专业人员不应指望员工能腾出空间和时间来塑造自己的工作角色，而是应该通过设计来融入这种空间。许多，甚至大多数管理者天生就对空闲心存怀疑，认为任何空余时间都是错失提高产出和生产力的机会。

谷歌或许是一家在工作设计中留出空余时间和空间的最著名的例子。在2004年给潜在股票投资者的首次公开募股信中，其创始人拉里·佩奇（Larry Page）和谢尔盖·布林（Sergey Brin）说道："我们鼓励员工，除了做常规项目之外，将20%的时间花在他们认为对谷歌最有利的事情上，这让他们更有创造力和创新能力。"这"20%的时间"产出的一些项目和想法包括谷歌地图（GoogleMaps）和谷歌邮箱（Gmail）等。事实上，谷歌并没有严格执行或强制要求"20%的时间"，这也不是他们目前所提倡的事情。正如谷歌前人力资源高级副总裁拉兹洛·博克（Lazlo Bock）在他的著作《工作规则》（*Work Rules*）中所解释的那样，这一概念并没有任何政策或规则。他写道："在某些方面，20%的时间的想法比其实际行为更重要。"归根结底，"20%的时间"的意义和价值并不是规定的时间限度，而是给予谷歌员工更广泛的许可，让他们花时间遵循自己的想法和直觉，并以自发和自我指导的方式与他人合作。

如果组织希望营造一种环境，使人们能够以最佳状态工作，并重视员工能够可持续实现的想法和工作质量，那么创造和保护空间也许是该组织承诺的最终标志。组织不应将空闲或空间视为成本，而应将其视为对人的潜力的投资，以及能够推动创新、创造力并最终提高生产力的竞争优势的来源。你不一定要成为发明家或工程师才能受益于思考和反思的空间和时间。时间和空间这两种东西非常宝贵和重要，我们应该让每一个员工都能享有它们。作为人力资源领导者，我们需要与同事合作，为批判性反思、试验和创新创造机会。我们不应该认为空闲和空间是对业绩的一种干扰，而是应该把它看作业绩本身的一个组成部分。

以下是如何在工作中创造更多空间和时间的四个想法：

1) 为员工投资，这样他们才能投资自己。组织为每个人的个人发展留出指定的时间，而无须规定员工如何使用这些时间。在学习和发展方面积极主动的组织包括巴菲尔（Buffer）、领英和思维机器人（Thoughtbot）。巴菲尔将自我发展作为核心组织价值，鼓励人们花时间进行定期发展。它为员工提供免费阅读资源和培训、学习小组和"职业发展星期五"，即人们在完成核心任务后可以花半天时间进行职业发展。领英有"英才日（InDays）"，让员工用一天的时间专注于自己、公司和世界。在接受"吃饭睡觉工作重复播客（Eat Sleep Work Repeat Podcast）"采访时，产品和数字设计公司思维机器人证实，他们周五不做面向客户的工作，而是鼓励员工从事他们认为最有用和最有价值的活动，包括学习或提升新技能、慈善外联和志愿工作，等等。

2）鼓励休息。鼓励人们在白天有意识地进行恢复性休息。这些休息时间应该与工作分开，不受工作的束缚，包括散步、出去走走、在远离屏幕的地方喝杯茶或咖啡，甚至小睡一会儿。研究发现，休息与更低的倦怠和更高的专注记忆和生产率水平有关。当零售商史泰博（Staples）发现其25%以上的员工没有休息时间时，他们采取了积极措施来了解什么可以鼓励人们更多地休息。他们做了两个关键的改变，一是创造更多更好的休息空间，二是提供更好的零食和点心，两者都是为了给人们更多的休息的动机。

3）黑客马拉松。黑客马拉松又称黑客日或黑客节。通常组织中各个部门的人都会在这期间放下日常工作，并针对某个问题或任务进行协同工作，高强度地工作一至五天。这些活动提供了一个让人们远离传统的日常工作和思考方式的机会，并为创新、成长、社交和学习创造巨大的潜力。虽然黑客马拉松传统上属于技术部门的领域，但它可以跨组织和专业职能部门应用。例如，诺森伯里亚水业（Northumbria Water）每年都会举办一次创新节，汇集员工、客户、研究人员和专业专家，"针对社会和环境面临的一些最大、最严峻的挑战，提出创新解决方案。"人力资源管理肯定可以从黑客马拉松中受益，因为它们提供了一个绝佳的机会来构思新的想法、形成新的解决方案。

4）为工作设计留出空间。人们有一种自然趋势，即设计和创造每周需要35~45小时来完成的工作。我们通常会用任务和责任过分填满我们的工作，而没有机会来承担额外的项目和责任，或改变工作方式。一种不同的方法是刻意"不填满"工作。例如，安排每周20～30个小时就能完成的工作。实际上，这样做是给每一份工作一个"待定"的部分。然后，员工可以决定如何专注于他们工作的"空闲"部分。比如，做更多的核心工作、项目工作，或者干脆不工作，减少工作时间。这可以促进员工与管理者定期交流，探讨他们希望在工作的"空闲"部分做些什么。软件设计和过程咨询公司门罗创新（Menlo Innovations）就是这样的一个例子。他们规定任何顾问每周的工作时间不得超过32小时，这为一周的发展、计划和其他活动创造了8小时的缓冲时间。

（5）心理安全

如果你希望员工尝试新事物，并积极鼓励员工尝试改善工作的方法，那么培养心理安全至关重要。心理安全指的是一种环境，在这种环境中，人们乐于承担合理的风险，而且将失败视为成长、学习和试验的标志，而不是疏忽大意。

在得到心理支持和安全的环境中，人们不怕表现出脆弱、冒险、失败和直言不讳。这些都是鼓励人们公开塑造的重要因素。与经理进行高质量的工作塑造谈话需要员工诚实地谈论他们喜欢和不喜欢的工作领域、他们的优势和激情、良好和不良的关系、成长和进步的机会，以及个人激情和兴趣。从本质上来说，这些都是关于员工个人的信息，所以员工需要能够放心地相信他们的经理会建设性地使用这些信息。从设计上来说，工作塑造包括某种形式的冒险和试验。人们并不总是知道他们正在进行的改变的结果会是什么。因此，人们希望自己在工作塑造中的任何失败，会被自己的同事和直线经理认为是出于好意的失误。最后，在探索工作塑造时，能够畅所欲言和勇于挑战很重要，因为如果团队成员的塑造尝试（比如停止或改变某些任务）产生了负面影响，同事们需要有信心提出问题或给出反馈。

以下是促进和塑造心理安全的三个想法：

1）将未来的挑战设定为学习和成长的机会。领导者可以鼓励员工将未来的挑战视为成长和学习的机会，而不是期望未来的工作项目或挑战需要在第一时间完美交付。以这种方式构建工作，人们更有可能寻求建议和支持，并且好奇为什么事情是以某种方式完成的。相比之下，如果你设定了一个期望，即团队成员应该能够轻松地承担工作，并且已经知道如何去做，那么员工们就不太可能表现出脆弱或缺乏信心。因此，他们更可能害怕任务失败，而不太可能提出问题或寻求支持。从工作塑造的角度来看，完美的期望可能会扼杀塑造的动机，尤其是如果一个人想朝着探索未知新事物的方向塑造工作时。比如，自愿领导一项新的工作计划或首次领导一个团队。

2）以平常心看待失败。失败是学习过程的一部分。创新的过程中经常会出现各种失误和错误。领导者可以通过分享自己的错误或局限性，来引导大家以平常心看待失败。例如，领导者可以分享自己那些没有按照计划进行的塑造工作的尝试，来向其他人表明，失败不是软弱的表现，而是进步的标志。在无害食品公司（Innocent Foods），创始人鼓励他们的员工谨慎对待风险，并从失败和错误中学习。其领导团队通过在时事通讯和所有员工简报中分享失败和错误来鼓励这种行为。

3）表现出好奇心。人们不在组织内部问问题的一个原因是，他们担心自己承认并不知道所有的答案后，会得到别人的负面评价。为了鼓励人们对自己所知和所不知的东西更加开放，领导者自己可以通过问一些聪明的问题来树立榜样并表现出好奇心。这不仅促进了个人学习，而且明显有力地向团队表明，不管一个人的背景或经验如何，他并不应该知道所有的答案。例如，如果一个组织的政策因为新的案例法或立法而需要改变，领导者可以要求团队成员来解释这些改变。这说明了两点：一是领导想要学习，二是领导并不拥有所有的知识或答案。

4　结论

人们在工作中的时间和精力是有限的，非常宝贵，不能浪费。采取结构化和基于证据的决策方法会对高效工作有所帮助。在可能和适当的情况下，结合并考虑从不同来源收集的多种证据可以支持人力资源和人员领导者对员工进行投资，为其提供最有可能成功、会对员工及其生产力产生持续积极影响的发展资源。

在结构化和基于证据的讨论中，一个关键的考虑因素是一个想法或计划是否支持组织的人力资源、人员和业务目标。正如我们在本章中所探讨的那样，更加个性化的工作方法可以直接为人力资源专业人士和人事主管处理当前和新出现的许多优先任务提供支持。如果组织真的想在幸福、人才培养、创新和绩效等领域采取全面、有效和可持续的方法，那么我认为，要做到这一点，就必须关注那些能让人们找到并发展自己的工作方式，并最好地满足他们当前和未来的需求、优势和抱负的因素。

如果你的公司决定鼓励工作塑造，那么人力资源管理人员和领导者必须意识到有许多方法可以帮助和鼓励员工实现工作的个性化。首先，人们需要时间和空间来探索工作塑造，这就是为什么工作日或工作周中的空闲时间如此重要，这确保了人们有精力和机会来塑造他们的工作。其次，员工需要自信、鼓励、心理安全和自主支持等来探索工作塑造。通过高质量的发展对话与管理者进行联系，对于员工个性化工作方法的可持续成功至关重要。当然，这并不是说不具备以上任何一个或全部条件，工作塑造就得不到鼓励或完全不可行。不过，你所看到的工作塑造很有可能是涓涓细流，而不是奔流不绝，或是来自某个人或某个团队，而不是来自整个组织。

下一章（也是最后一章）将探讨员工体验的概念、真正个性化和卓越的员工体验现在是什么样子的，以及它在未来可能会发生怎样的变化。

要点

- 组织在实施任何工作塑造干预之前，都应该先考虑证据基础。
- 工作塑造和个性化的工作方法直接支持许多关键的人力资源和

领导力优先事项，包括变革和转型、弹性工作、福利、绩效和人才发展等。

- 提倡自主工作方式和心理安全的领导风格在促进工作塑造方面尤其有效。

- 人们需要时间和空间来塑造工作，人力资源管理人员和人事主管应该考虑如何为组织中的员工创造并保护这一点。

关键问题

- 更具个性化的工作方式是否会支持贵组织的人力资源优先事项？

- 你在组织中培养和推广的领导风格和行为是什么？它们是支持还是限制个性化的工作方式？

- 在你的组织中，人们愿意分享失败、承担风险吗？

- 你如何确保人们有时间和空间进行思考、创新和试验？

个案研究

健康联系——将发展对话提升到新的水平

健康联系是英国最好的高质量肌肉骨骼理疗服务供应商。他们与包括英国国家医疗服务体系和私营企业在内的一系列组织合作，提供理疗和疼痛管理服务。作为一个组织，健康联系致力于创造一个人们可以充分发挥自己最大潜能的工作环境。健康联系认识到直线经理和员工之间的关系是实现这一目标的关键，因此希望重新构建和激发团队领导和同事之间的对话。

　　健康联系决定从2019年起不再进行年度评估，而是开展每季度一对一的工作塑造讨论，以及更多的定期报到和反馈活动。这种新方法叫作"成为你想成为的人"，该倡议的核心是邀请和鼓励所有员工对自己的工作进行个性化定制，使员工能够将自己的激情、才能和兴趣带到工作中。在团队领导和员工的工作塑造讨论中，不仅会探讨员工对改进其工作设计和交付的想法，还会讨论员工个人可能需要的领导及组织的支持。

　　公司鼓励团队领导每3个月与员工进行一次简短的、以工作塑造为主题的讨论。讨论的重点因季度而异，会涉及不同的工作塑造要素，包括任务、技能、幸福、关系和绩效等。虽然团队领导可以以他们认为的最合适的方式与员工进行对话，但人力资源团队已经提供了建议的问题和活动。例如，在幸福主题下，领导可以向员工提出一些问题：你的工作如何影响你的健康和幸福感？你觉得工作中特别的一天是什么样的？你工作中的哪些变化会对你的幸福感产生积极的影响？

　　健康联系的首席人事官丽莎·戴维森（Lisa Davidson）认为，工作塑造是创新和创造力的基础和支持，对公司的持续发展和进步至关重要。从根本上说，创造一个让人们能够利用和发挥自己的优势和激情的工作环境，在健康联系的执行董事会看来仅是一件应该做的事情，但它也被公认为是提升个人绩效水平和组织业绩的竞争优势的来源，也是吸引和留住有激情、有技能的专业人员的积极因素。

第四部分

加入

第九章　现在和未来的个性化人员体验

在这最后一章中，我们将探讨当我们进入一个由人工智能、自动化和机器人技术引领的工作新时代时，个性化的人员或员工体验能使个人和组织都蓬勃发展的原因及方式。我们正处于一个有限的空间，在这个空间里，我们对如何利用技术做出的决定和选择，将对我们的身心健康以及工作和个人生活的方方面面产生深远而持久的影响。

1　非凡的员工体验

这本书提供了很多证据和案例，说明了工作塑造能让员工、团队和整个组织受益的方式和原因。在第三章中，我介绍了一个工作塑造模型，说明了工作塑造的原因、内容和方式，而这个模型的中心是工作塑造的核心好处——茁壮成长、职业发展和工作绩效（图9.1）。

212

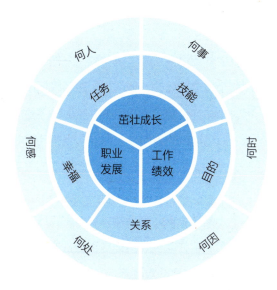

图 9.1　工作塑造的不同要素

　　我认为，从根本上说，综合考虑工作塑造和个性化工作方式的所有不同方面和益处，可以为组织内部出色的员工体验奠定基础。

　　员工体验或个人体验（缩写为EX或PX）是指人们在工作期间的感受和经历。它涵盖了我们与一个组织的第一次接触，从我们第一次看到并回应一个职位空缺，一直到我们离开的最后一天，甚至可能还包括我们与校友网络和团体的互动。一个致力于创造卓越员工体验的组织会关注个人如何塑造自己与组织的互动和体验。因此，有机会塑造和个性化定制工作，使其符合个人的兴趣、价值观和需求，对于创造积极的员工体验至关重要。企业创造出这样的优越环境，能使员工感到自己受到重视和认可。这样的工作场所将给予人们信任、自由和支持来塑造和创造自己的工作，真正发挥自己的潜力，并在组织内产生积极的反响。

我们在第一章中介绍过弗兰克·皮勒教授，他从制造业的角度谈论大规模定制和个性化的好处。他认为，除了降低成本和改善用户体验之外，另一个关键优势是减少浪费。就时装零售而言，在英国，估计有价值300亿英镑的衣服在人们的衣柜里闲置着。安永会计师事务所的研究发现，近四分之一的在网上购买的服装被购物者退回。在这些退货中，有许多都没有重新流通，这意味着在某些情况下，零售商实际上是在大量生产废物。衣服闲置或被退回的原因是它们最终不能满足顾客在颜色、风格或适合性方面的需求。皮勒教授的论点是，如果客户能够定制产品，并就产品的设计做出选择，那么他们的个人偏好和需求就更有可能得到满足。此外，设计和委托设计的过程也有可能积极提高个人对最终商品的喜爱度。与简单获得的某样东西相比，人们可能更珍视自己建造或创造的东西。所以就衣服而言，如果消费者能以某种方式对衣服进行个性化定制，那么这些衣服就不太可能在衣架上闲置了。

同样，在工作领域，个性化能够防止人们浪费其才能和潜力。通过鼓励支持人们定制和积极塑造工作，世界各地的人们的精力、想法和努力也不太可能保持未开发、未使用和未探索的状态。

工作中的个性化不仅提高了员工的贡献率和成就感，还最大限度地降低了与员工流动和疾病相关的成本。表9.1显示了工业中大规模个性化的一些好处，以及在工作场所采用个性化工作方法可能带来的相关好处。

表 9.1　工业和工作场所中个性化的好处

工业个性化	工作场所个性化
增加客户联系、参与度和忠诚度	提高员工参与度、满意度和绩效水平
减少浪费	减少人员流动和绩效管理
降低供应链成本	降低招聘成本
通过价值定价提高盈利能力	提高生产率和盈利能力

　　不幸的是，我们知道，大多数组织并没有把握住让人们个性化定制工作的机会，而是采用了在制造业中被称为"大规模生产"的方式，即大规模生产工作的设计和执行方式，以及人们对其工作的结构和报酬做出的选择。当然，它不需要，也不应该是这种方式，组织可以通过多种方式追求更个性化的人员议程，这样做的第一步是首先了解并探索个性化的原因。

2　个性化公式

个性化=选择+机会+精力

　　对于那些希望探索并促进人们个性化定制工作的组织来说，他们需要关注和考虑三个因素：选择、机会和精力。

（1）选择

　　为了个性化定制工作的所有方面，人们需要有可供选择的选项。

当然，选择和灵活性是一个范围，即从完全没有选择到完全定制和完全灵活性。例如，就工作模式而言，一些组织可能在工作时间方面没有选择，而其他组织可能实际上会允许人们设计自己的工作时间表和工作模式，甚至可以没有任何关于工作时间的政策或规定。

在设计选择时，虽然这看起来很明显，但是考虑人们真正重视和想要的选项是很重要的，组织可以通过让人们参与提供适当的选项来展示对个性化员工体验的承诺，而不是由高级领导为他人做出选择或由系统和流程塑造选择。对倾听、理解和回应人们实际需求的承诺是一个明显的积极迹象，表明组织有意创造一个员工有发言权、有机会做出选择和提出解决方案的环境。

（2）机会

在大多数情况下，有选择权和灵活性是有益的，但如果可用的选项是隐藏的、复杂的、繁重的或不受支持的，这并没有什么用处。例如，有人有机会去选择，并不意味着他们会积极地感到自己有能力去做这件事。因此，人们可用的选项需要尽可能清晰。例如，在产假或陪产假的情况下，母亲和父亲可利用的选项不应被埋在政策的深处或人力资源顾问的头脑中，而应尽可能公开和清楚地进行沟通。这种透明和清晰度很重要，因为人们不会选择他们不知道的选项，同样，如果很难理解全部含义，他们也不太可能做出选择。

如果没有得到组织的真正支持，不管政策中写了什么，人们也不太可能会做出选择。例如，我曾经在一个团队工作，有一名经理"开玩笑地"责备一名周五在家工作的同事，并评论道："你明天会像往常一样在家逃避工作吗？"虽然这一评论可能是以开玩笑的方式说的，我认为经理这样做并不是故意为了使那位同事苦恼或挑衅，但它向该同事和会议中的其他人发出了一个明确的信号，即尽管该组织有对灵活安排工作地点的承诺，但实际上在家工作并不受组织的支持。

组织需要仔细考虑如何支持员工充分利用选择权和灵活性来个性化定制他们的工作。有助于提高员工支持水平的方法包括经理培训、指导和沟通、易于访问和浏览的内部网，以及通过面对面、电话、即时消息，甚至人工智能支持的聊天机器人来提供一对一的支持等。

（3）精力

在做出选择和改变环境时，缺乏精力经常被认为是决策惯性和现状偏见的一个关键原因。如果没有时间和精力，我们就不太可能主动地做出积极的决定。再说一说陪产假的例子，如果一个组织真的想鼓励男女休假更加平等，那么它可以更积极地支持和鼓励准父母（特别是父亲）去了解他们可以选择的方案。这种支持可以包括明确的指导、分享父亲休假故事的案例研究、与休过延长陪产假的其他父亲建立联系，以及与人力资源专员一对一会面的机会，以了解和探索休假所涉及的具体安排和财务事务。从精力的角度来看，雇主可以给准父母半天的假期，旨在给他们空间和机会，与伴侣、朋友或家庭成员规划、探索和讨论可用的具体安排和选项。

人力资源主管在促进员工个人体验方面的积极举措

为了评估和促进更积极的员工体验，人力资源主管可以采取以下几个步骤：

- 审核员工体验中的选择和灵活性。
- 确定需要调查的领域——人们在哪些领域做出的选择最多或最少？
- 确定在做出不同选择时可获得的支持量——是否有明确的指导？是否有明显的领导支持？是否有人们做出类似选择的故事？管理者是否支持？
- 考虑在哪里以及是否能够和应该提供更多的选择和灵活性。
- 在考虑和开发选项时，让整个组织的人员参与决策过程。

我并不认为员工体验的每一个方面都可以而且应该积极地进行个性化定制。任何努力浏览现代咖啡店的选项和定制选择的人都会明白，在工作场所，无限的选项是多么令人疲惫不堪。标准化，或者限定我们工作的许多方面的选项，当然对雇主和雇员都有帮助。例如，在鼓励人们定制或选择不同的内部消息通信平台时，需要仔细考虑，因为如果每个人都使用相同的共享工具，在共享和收集组织消息方面会有明显的好处。同样，向面向客户的员工提供有限数量的轮班模式可能有一定的优势，因为这些员工需要在特定时间提供关键的服务和支持。

人力资源部门尤其需要注意的一点是，要核对个性化工作的机会是否与技术发展同步。10年前、5年前，甚至1年前创建的选项可能无法反映员工及其组织当前的可用机会水平。例如，就奖励和报酬而言，大多数组织都不会提供何时支付报酬的选择和灵活性。随着银行转账的数字化，古斯特（Gusto）等新的奖励和薪资系统能够创造灵活薪酬的机会，员工可以就何时获得薪酬进行个性化选择。使用这些系统，员工可以决定按周、按月领取工资，或者通过刷卡或点击按钮，请求立即支付自上一张工资支票以来的任何未偿付的工作报酬。引入这一方法可能会有积极和消极的方面；我们应该探索这些机会，而不是忽视它们。技术也创造了改变我们工作的时间和地点的机会。例如，客服人员在呼叫中心时不需要戴上耳机，技术现在使人们能够远程完成这类工作，因此，人们工作的班次也更加灵活。同样，需要考虑适合组织及其客户的灵活性的类型和水平，但是不应忽视这些机会。

3 工作塑造和个性化的人员体验

组织是否需要主动为员工提供工作塑造选择，这是一个有趣的问题。我们知道，工作塑造是由员工主导的，无论员工是否有有效的决定权，他们都倾向于塑造工作。但同样清楚的是，当员工公开地"光明正大"而不是偷偷地在经理的视线之外塑造工作时，工作塑造的力量更强大，也更有益于个人和组织。我认为每个人都有选择工作塑造的权利，但我也认识到许多人没有感觉到或意识到主动改变或塑造自己工作的机会是存在的。人们不认为工作塑造是一种选择的原因可归结于机会和精力。

角色要求、培训和支持、态度和领导风格以及更广泛的工作场所文化无疑会影响员工的工作塑造的数量和类型。如果管理者鼓励员工尝试个性化定制自己的工作，如果领导分享自己塑造工作的故事，如果员工认为提问题、犯错误和尝试不同的方法是安全的，那么员工更有可能公开塑造自己的工作。

如果有精力和能力，人们也更可能去塑造工作。如果人们感到压力、疲惫，工作塑造是可能实现的，但其影响会减弱。在这种情况下，员工更有可能将工作塑造作为一种依靠或应对机制，而不是以有生产力的、积极的方式运用工作塑造。当然，人力资源专业人士和组织领导者可以做一些事情，来为人们创造更多的精力和机会，让人们能够个性化定制他们的工作，我希望本书，尤其是其第六章、第七章，以及第八章中分享的研究结果、想法和案例分析能够成为实际应用的参考。

4　只是手还是整个人

在第一章中，我首先引用了亨利·福特的一句话，并解释了他的指挥和控制的管理方法在今天的工作场所中仍然是那么的鲜活和有效。在本书即将结束之际，亨利·福特的另一句名言也值得我们深思和探索。福特哀叹与人而非机器一起工作的挑战，据说他问道：

为什么每次我需要一双手，他们却都带着一个大脑而来？

机器人和工作的自动化、机械化所带来的机遇肯定会让福特感到兴奋。但是，我再次不同意福特的观点。我坚信，工作的目的不是控制人，而是让他们自由。工作不应只关注人们所承担的价值、技能和任务。员工应该有机会以有意义和丰富的方式做出贡献，应该能够打造自己的个人道路，以发挥自己的优势，实现目标。组织不应试图压抑员工的个性，正如我们在第四章中所探讨的那样，让人们塑造和个性化定制他们的角色有着持久的优势。这可以提升并放大每个工作场所内员工的才能、激情、兴趣和经历的多样性。个性化工作方式的好处不仅会惠及员工，还会惠及同事、领导、客户、董事会成员和股东。

我们需要慎重考虑如何拥抱和使用技术来塑造我们的工作生活。有迹象表明，我们已经在梦游般地被动接受技术使任务自动化这一事实，而没有停下来从个人、组织或社会的角度仔细思考这样做的成本和回报。一个典型的例子是航空工业，如今的飞行技术如此先进，自动驾驶仪现在可以完成常规飞行中90%的飞行任务。正如尼古拉斯·凯尔（Nicholas Carr）在他的书《玻璃笼子》（*The Glass Cage*）中所说，现在的计算机已经接管了驾驶舱。

虽然科技确实给飞行带来了许多优势，但它也带来了许多意想不到的后果，尤其是在飞行员的技能方面。2011年，美国联邦航空局（FAA，Federal Aviation Authority）的一项研究审查了46起重大事故和700多份由飞行员自愿提交的报告，以及从9000多次飞行中收集的数据。研究发现，在60%以上的事故和30%以上的重大事故中，飞行员在实际驾驶飞机时存在问题，或者在自动控制方面犯了错误。作为对该研究的回应，航空公司机长、美国联邦航空局飞行员培训委员会联合主席罗里·凯（Rory Kay）警告说，飞行员正饱受"自动化瘾"的困扰，而且从根本上说，飞行员正在"忘记如何飞行"。美国联邦航空局在2013年也得到了类似的调查结果，其结论是"飞行员有时过于依赖自动化系统，可能不愿意进行飞行干预"。针对这些调查结果，美国联邦航空局建议飞行员更频繁地控制飞机，并定期进行人工驾驶方面的练习，以继续保持和增强自身飞行实力。正如航空领域的权威专家厄尔·韦纳（Earl Weiner）所说："数字设备会忽略小错误，会为大错误创造机会。"虽然技术在执行标准任务和操作方面非常出色，但它在应对不规则和不可预测的危险方面表现较差。在这些时候，创造性地解决问题和灵活的思维是必需的。2009年，美国航空公司1549次航班在纽约哈德逊河成功降落时，切斯利·舒伦伯格（Chesley Sullenberger）的出色表现证明了，创造性地解决问题和灵活的思维正是人类擅长的地方。

自动化及其技术不仅在天空中禁锢着我们的思维能力，而且并非总是以一种好的方式塑造我们的心智。把记忆事实的工作外包给搜索引擎，或者依靠GPS导航而无法在脑海中形成我们所处位置和运动轨迹的地理地图，这些都表明我们的认知能力没有得到像过去那样的延伸和测试。心理学家使用"数码痴呆（digital dementia）"这个词来形容过度依赖技术会导致我们的认知能力受损。从工作角度来看，减少认知挑战和刺激是一个重要的考虑因素，因为它可能对我们的心理健康产生负面影响，尤其是随着我们年龄的增长。研究发现，随着年龄的增长，丰富多彩的工作与人们的智力灵活性和认知功能有关。瑞典一项对10000多对双胞胎进行的研究发现，复杂而富有挑战性的工作可以减少认知能力的丧失，特别是老年痴呆症的风险。

5 新的工作领域

未来研究所（the Institute for the Future）委托撰写的一份报告显示，2030年将出现的工作岗位中，有85%尚未被创造出来。如果这一统计数字可信，并且这是全球科技、商业和学术专家的观点，那么工作、人力资源、组织发展和工作设计领域将出现巨大的机遇。对于我们来说，有一个十分重要的机会来纠正我们许多人所经历的设计不佳、缺乏灵感、毫无成效的工作的遗留问题，其根源可以追溯到19世纪晚期。

在第四次工业革命期间，我们在工作和组织设计方面做出的决定所造成的影响有可能是长期的。正如我们所看到的，此类决策的后果和半衰期是相当长的，近120年前大规模生产和制造诞生时制定的管理方法和标准如今仍然在工作场所产生广泛的影响。因此，如今有关工作和组织设计的决定很可能会产生代代相传的影响，这种影响不仅体现在我们自己的工作和生活经历中，而且也体现在我们的子女，乃至我们子女的孩子的工作和生活经历中。

毫无疑问，技术将重塑工作领域，但这并不一定会损害人类的利益。大量的研究和报告让我们有理由对技术丰富工作的潜力的可能持乐观态度。随着机器接管了工作中可预测和可重复的方面，自动化和人工智能的真正价值将不是用机器人代替人，而是充实劳动力，使人们能够重新关注在解决问题、增强创造力和促进知识、成长和发展方面做出最大贡献的领域。通过去除常规任务，工作有可能变得更加人性化，而不是去人性化，并且提升人们在工作中的重要性和价值。最终，技术将使个性化工作和工作塑造变得更加容易，也更容易评估。如果没有必要对某项任务进行标准化或规范化（因为这项工作的要素是由技术完成的），那么人们就可以自由地以定义更少、更加个性化的方式来开展工作。

6 我们需要问自己的问题

虽然技术无疑有机会对我们的工作产生积极的影响，但这绝不是必然的。人工智能和自动化的进步也可以用来消除和削弱我们的工作，而不是增加和丰富我们的工作。

在关于工作设计的未来以及如何拥抱科技的争论中，领导者和人力资源专业人员将发挥关键影响。从根本上说，我们需要问自己一些关键的问题：

- 我们是要放大，还是剥夺工作场所中的人性？
- 我们是希望工作进一步奴役我们，还是让我们获得自由？
- 我们是利用科技进一步减少，还是丰富我们的工作生活？
- 我们是在工作中融合技术以创造"超级工作"，还是将控制权拱手让给机器？
- 我们是要继续大规模生产和标准化，还是让人们个性化塑造他们的工作？
- 我们是否要在设计工作时刻意考虑心理健康？

当然，我认识到这些都是引导性的问题，至少我希望是这样。我知道，答案并不只是简单的非黑即白。我知道现实情况是，总会有一些工作让人们害怕在周一早上去做，而一些管理者可能永远不会有信心和信任让他们的同事们自主协作。但我确实相信，我们可以从根本上改变目前令人沮丧的统计数据，即绝大多数员工都表示对自己的工作不参与、不满意。通过采用更个性化的工作方式和组织设计，我们可以创造一种环境，让大多数人对自己的工作充满兴趣，并期待周一早上，或者他们工作日或工作周开始的任何时间和地点。

只要工作还存在，我们就一直有机会采取以人为本的工作方式和组织设计。虽然我们无法改变过去，但我们可以开始规划未来。我们正处于一个潜在的转折点，我们可以继续寻找更先进、更巧妙的方法，来挤出工作中人的方面；或者，我们可以利用技术作为激励，鼓励个性化、员工主导的工作方式，从而扩大人的含义，使我们能够从事有刺激性、有意义、有价值和包容性强的工作。

对于组织希望创建的工作的性质以及组织希望如何使用技术，我们所做的决策必须涉及人力资源管理和人员领导。对于人力资源管理来说，坐在"最高管理层"的位子已经不够好了。人力资源管理人员不仅要参与战略对话，还要发挥带头作用。只有通过具有战略影响力的地位，人力资源才能有效地引导其组织和行业做出投资决策，并实施技术解决方案，使行业能够繁荣发展，而不是陷入困境。

与过去一样，这类决定的影响可能会伴随我们几百年。如果我们承诺从根本上改变与"工作"的关系，改变对"工作"的看法，让"工作"不再是我们所要忍受的，而是一种值得品味的东西，那不是很神奇吗？如果我们认为工作对自己的"真实"生活做出了积极贡献，而不是妨碍了我们的"真实"生活，情况又会怎样呢？

7　你相信什么

从根本上说，你在当前和未来的工作设计中做出的决定和采取的行动，将基于你对人们的看法以及你认为员工能够真正做出的贡献。

所以，当你读完这本书的时候，我有一个问题要问你。你认为人们能够真正为自己的组织做出什么贡献，以及他们的潜力是什么？

如果你认为员工不可信，需要被控制，对工作不感兴趣，只是为了拿工资而工作，那么你做出的决定无疑会创造一个这样的工作场所。对于相信这一点的人，我希望这本书的想法和研究结论至少能让你从人员和绩效的角度理解这种方法的局限性。

像我一样，有些领导者和人力资源专业人士认为，人们自然会努力积极协作、做出有意义的贡献并创造价值，那么你就可以营造一个这样的环境。你自然会好奇如何让你公司的同事们做好自己的工作，让他们把自己的激情、才能和优势发挥到极致。如果你相信并致力于创造这样的工作环境和工作岗位，让人们能够把自己最好的一面带到工作中来，我希望这本书里的想法会激发你的好奇心，给你实用的方法去探索和塑造。这才是真正的个性化工作。

要点

- 要创造个性化的人员体验，员工需要选择、机会和精力来塑造他们的工作。
- 人工智能、机器人和自动化等技术创新有可能积极丰富工作，也有可能消极削弱工作。
- 人力资源管理者在塑造如何引入技术的组织决策方面有着举足轻重的责任和作用。

关键问题

- 自动化、人工智能和机器人等技术将如何塑造和影响你的组织？

- 你和你的组织在多大程度上认可并从根本上相信员工现在和未来能为你的企业带来价值？

- 对于如何将技术创新引入组织的决策和对话，你如何施加影响？你是否在这样做？